Werbepsychologie

G. Behrens

35

3. Auflage

vw
Verlag für Wirtschaftsskripten

vfw-Skriptenreihe
Herausgegeben von Dipl.-Kfm. C. Ölschläger
Band 35

1. Auflage: Juni 1977
2. Auflage: September 1982
3. Auflage: Februar 1991

ISBN 3-921636-90-6

Verfasser: Prof. Dr. Gerold Behrens
Umschlag: Volker Zimmermann/F.B.
Druck: Lito Velox, Trento (Italien)

© VERLAG FÜR WIRTSCHAFTSSKRIPTEN
　Dipl.-Kfm. C. Ölschläger GmbH
　Brabanter Str. 16, Postfach 40 14 24, 8000 München 40
　Tel. 0 89/36 32 57
　FAX: 0 89/36 32 58

Alle Rechte vorbehalten. Ohne Genehmigung des Verlages ist es nicht gestattet, das Werk oder Teile daraus nachzudrucken oder auf fotomechanischem Wege zu vervielfältigen.

VORWORT ZUR 3. AUFLAGE

Die Bedeutung der Werbung wird leicht unterschätzt. Untersuchungen zeigen, daß nur ein Bruchteil der Werbung wahrgenommen wird. Werbewirkungen sind häufig so schwach, daß sie nicht nachweisbar sind. Andererseits überschätzen viele die Werbewirkungen. Sie unterstellen der Werbung geradezu mystische Kräfte und vermuten, daß Konsumenten der Manipulation durch Werbung hilflos ausgeliefert sind.

Aufgabe der Werbepsychologie ist es, herauszufinden, was Werbung unter welchen Rahmenbedingungen psychisch bewirkt. Eine klare Antwort kann nicht gegeben werden, es gibt hierzu aber zahlreiche Untersuchungen, die Teillösungen liefern. Die Ergebnisse sind nicht spekulativ. Es besteht weder ein Grund zur Überschätzung noch zur Unterschätzung der Werbewirkungen.

In der vorliegenden Veröffentlichung werden wichtige Aspekte der Werbung aus psychologischer Sicht dargestellt. Dabei geht es nicht um "Rezepte" zur Werbegestaltung, sondern mehr um die Verdeutlichung von Wirkungszusammenhängen. Daher werden einerseits theoretische Grundlagen der psychischen Werbewirkungen beschrieben, andererseits Beziehungen zu praktischen Beispielen hergestellt, die durch eigene Beobachtungen ergänzt werden sollten.

Wuppertal, im Februar 1991   Prof. Dr. Gerold Behrens

INHALTSVERZEICHNIS

1	**WERBUNG ALS BEEINFLUSSENDE KOMMUNIKATION**	9

Literaturhinweise 12
Kontrollfragen zu Kapitel 1 13

2	**WAHRNEHMUNG VON WERBEBOTSCHAFTEN**	14
2.1	Grundbegriffe	14
2.1.1	Wahrnehmungsbegriff	14
2.1.2	Wahrnehmungsselektion	14
2.1.3	Wahrnehmungsverzerrungen	18
2.2	Die Wahrnehmung einfacher Zeichen	24
2.2.1	Figur-Grund-Differenzierung, Gestaltbildung, Prägnanz	24
2.2.2	Das Wiedererkennen einfacher Figuren	27
2.3	Wort- und Satzwahrnehmung	35
2.4	Textwahrnehmung	36
2.5	Personenwahrnehmung	40
2.6	Bildwahrnehmung	45
2.7	Farbwahrnehmung	48
2.8	Musikwahrnehmung	52

Literaturhinweise 55
Kontrollfragen zu Kapitel 2 57

3	**AKTIVIERUNG, EMOTIONALISIERUNG UND MOTIVATION DURCH WERBEBOTSCHAFTEN**	59
3.1	Grundbegriffe	59
3.2	Die emotive Informationsverarbeitung	63

Literaturhinweise 64
Kontrollfragen zu Kapitel 3 65

4	**LERNEN VON WERBEBOTSCHAFTEN**	66
4.1	Grundbegriffe	66
4.1.1	Lernbegriff	66
4.1.2	Vergessen	67
4.1.3	Lernkurven	69
4.2	Einfache Lernmechanismen	72
4.2.1	Grundbegriffe	72
4.2.2	Klassische Konditionierung	74
4.2.3	Operante Konditionierung	77
4.2.4	Assoziationen	80
4.3	Komplexe Lernmechanismen	82

4.3.1	Speichermodell	82
4.3.2	Lernen durch Modelle	88

Literaturhinweise 90
Kontrollfragen zu Kapitel 4 91

5   **LÖSUNGSHINWEISE ZU DEN KONTROLLFRAGEN** 92

6   **LITERATUR- UND QUELLENVERZEICHNIS** 101

7   **STICHWORTVERZEICHNIS** 105

1 WERBUNG ALS BEEINFLUSSENDE KOMMUNIKATION

Werbung läßt sich als ein spezieller Kommunikationsprozeß auffassen, durch den Meinungen und Verhalten systematisch beeinflußt werden sollen. Meistens geht es dabei um Absatzleistungen, aber darauf ist Werbung nicht beschränkt.

Diese Kennzeichnung basiert auf zwei Begriffen, die näher erläutert werden: Kommunikationsprozeß und Verhaltensbeeinflussung. Die Verhaltensbeeinflussung durch Werbung wird in den nächsten Kapiteln behandelt. In diesem Kapitel wird Werbung als Kommunikationsprozeß dargestellt.

Im Grundmodell der Kommunikation (vgl. Abb. 1) wird der Werbeprozeß in seiner einfachsten Form abgebildet. Er ist hier auf die beiden Kommunikationspartner reduziert: Werbesender (Produzent) und Werbeempfänger (Konsument). Der Produzent versucht durch Werbebotschaften die Konsumenten im Sinne seiner Marketingstrategie zu beeinflussen. Das Ergebnis wird mehr oder weniger intensiv kontrolliert.

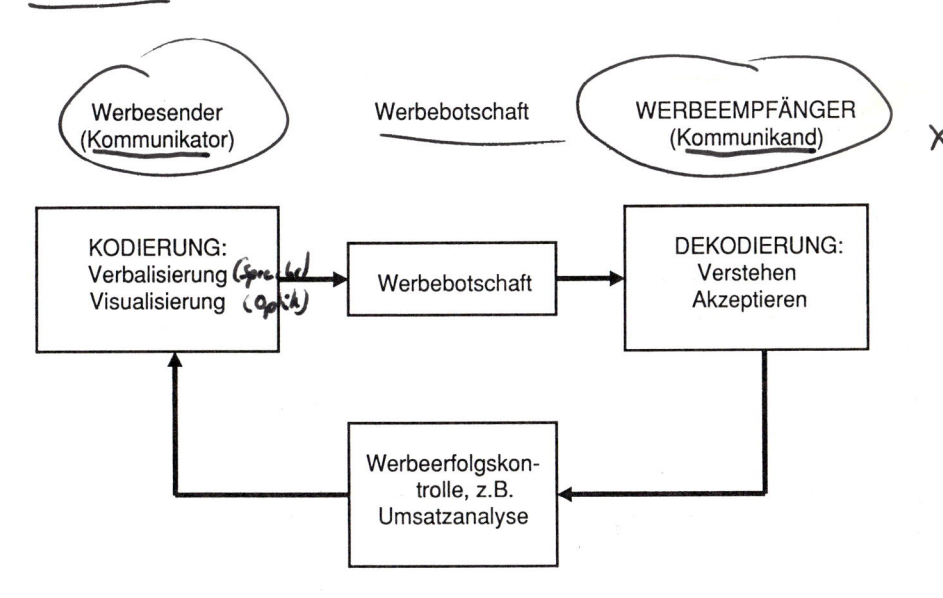

Abb. 1: Grundmodell der werblichen Kommunikation

Dieses Modell ist jedoch zu einfach und daher zu ungenau. Eine Differenzierung ist notwendig. Dabei muß berücksichtigt werden, daß bei der Werbung meistens mehrere Werbesender und Werbekanäle wirksam sind. Außerdem gelangen Werbeinformationen häufig nicht direkt, sondern über Vermittler zum Werbeempfänger. Dazu nähere Erläuterungen.

MEHRERE WERBESENDER: Alle Personen und Institutionen, die aus Konsumentensicht für ein Produkt oder eine Dienstleistung werben, sind Werbesender. Dazu zählen Unternehmungen, Vertreter, Verkäufer, aber beispielsweise auch Fußballclubs, die für eine Marke werben.

MEHRERE WERBETRÄGER: Werbebotschaften können über viele Kanäle vom Werbesender zum Werbeempfänger gelangen: Zeitschriften, Plakate, Funk, Fernsehen, Verkaufsgespräche, aber auch ausgefallene Kanäle wie Luftwerbung und Modeschauen zählen dazu.

MEHRERE STUFEN: Der Werbeempfänger erhält die Werbung nicht immer auf direktem Wege vom Werbesender. Häufig sind Vermittler eingeschaltet. Händler können beispielsweise Vermittler von Werbeinformationen sein. Die Unternehmen versorgen im Rahmen ihrer Handelswerbung die Händler mit Produktinformationen und Verkaufsargumenten. Die Händler integrieren diese Informationen in ihre Konsumentenwerbung. Vom Hersteller zum Konsumenten durchläuft die Werbung dann zwei Stufen: zunächst als Werbung zwischen Hersteller und Händler, dann als Werbung zwischen Händler und Konsumenten.

Nicht nur Händler reichen Werbung weiter, auch Konsumenten fungieren als Vermittler. Der Hobbyfotograf, der Arbeitskollegen beim Kauf eines Fotoapparates Ratschläge gibt, ist unfreiwilliger Werbeagent. Er empfiehlt eine Marke. Die Argumente hat er teilweise aus eigenen Erfahrungen gewonnen, aber sicherlich auch aus der Herstellerwerbung.

Wenn die hier beschriebene Differenzierung in das Grundmodell der Werbung (vgl. Abb. 1) eingefügt wird, erhält man ein erweitertes Kommunikationsmodell der Werbung (Abb. 2)

Dieses Modell veranschaulicht einige kennzeichnende Merkmale der Werbung:

- Werbung beeinflußt das Konsumentenverhalten über verschiedene Kanäle. Für die Werbewirkung ergibt sich daraus: Werbedruck wird erzielt, wenn die Werbung aufeinander abgestimmt ist. Beispielsweise passen exklusive Imagewerbung und häufige Sonderpreisaktionen nicht zusammen. Abrupte Imagekorrekturen verwirren. Wer mehrere Jahre mit Weltoffenheit und Fernweh geworben hat, kann den Schwerpunkt nicht plötzlich auf Gemütlichkeit verlagern. Dadurch wird das Markenprofil unscharf.

- Der Werbetreibende muß verschiedene Stufen der Werbung unterscheiden, z.B. die Werbung zwischen Hersteller und Handel sowie die Werbung zwischen Handel und Konsumenten. Für das Marketingkonzept des Herstellers ist die Werbung zwischen Handel und Konsumenten wichtig. Er wird versuchen, sie im Sinne seines Marketingkonzeptes zu beeinflussen, kann sie aber nicht vollständig kontrollieren.

erweitertes Kommunikationsmodell

| Werbesender | Werbeträger | Werbempfänger |

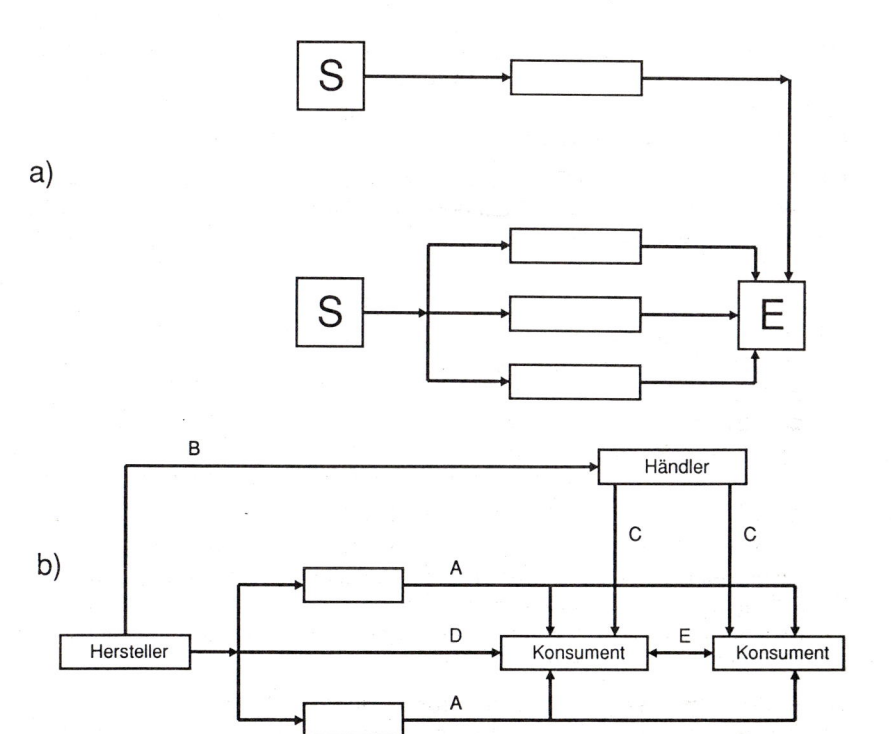

a)

b)

A: Hersteller-Konsument-Werbung
B: Hersteller-Händler-Werbung
C: Händler-Konsument-Werbung
D: gezielte Beeinflussung der Meinungsführer
E: persönliches Gespräch zwischen Konsumenten

Abb. 2: Erweitertes werbliches Kommunikationsmodell
a) mit mehreren Werbesendern und Werbeträgern
b) mit mehreren Stufen

- Der Werbetreibende muß verschiedene Ebenen der Werbung unterscheiden, z.B. die Handelswerbung (auf den Handel gerichtete Herstellerwerbung) und die Konsumentenwerbung (auf den Endverbraucher gerichtete Herstellerwerbung). Dabei müssen Verbundwirkungen beachtet werden. TV-Werbung beein-

versch. Stufen
versch. Ebenen

Konsumentenwerbung

flußt beispielsweise nicht nur den Endverbraucher, sondern übt auch auf den Handel Druck aus. Wie entsteht dieser Druck? Das in der Fersehwerbung gezeigte Produkt muß im Sortiment vorhanden sein, weil der Konsument erwartet, daß er beim Handel die Produkte findet, für die im Fernsehen geworben wird.

- Werblicher Einfluß entsteht nicht nur durch die klassische Werbung, sondern auch durch neue Werbeformen wie Produktplacement und Sponsoring. Außerdem wird Kaufdruck schon allein dadurch erzeugt, daß Produkte angeboten und von anderen Konsumenten gekauft werden.

LITERATURHINWEISE
zum Kapitel "Werbung als beeinflussende Kommunikation"

Zunächst einige Lehrbücher zur Werbung:
Die Bücher von Huth/Pflaum (1988), Rogge (1988), Schweiger/Schrattenecker (1989) und Tietz/Zentes (1980) sind kompakte, umfassende Einführungen.

Werbung wird häufig unter verschiedenen Aspekten untersucht.
Verhaltenswissenschaftlicher Aspekt: Kroeber-Riel (1988), Rosenstiel/Neumann (1982)
Kommunikationsaspekt: Steffenhagen (1984)
Quantitative Aspekte: Schmalen (1985)

Einen guten Überblick über **Wirkungen der Massenkommunikation** findet man bei Dröge/Weißenborn/Haft (1973), Hoffmann (1976), Schenk (1987).

KONTROLLFRAGEN
zum Kapitel "Werbung als beeinflussende Kommunikation"

1 Erläutern Sie das erweiterte Modell der werblichen Kommunikation durch Beispiele.

2 Die werbliche Kommunikation kann nur zum Teil durch den Hersteller kontrolliert werden. Nennen Sie Informationsquellen, auf die Hersteller keinen oder nur einen beschränkten Einfluß haben.

3 Hersteller und Händler haben unterschiedliche Interessen. Daher werben sie auch unterschiedlich für Produkte. Nennen Sie hierfür Beispiele.

4 Werbliche Kommunikation ist nicht auf die klassische Werbung (Anzeigen, TV, Plakate usw.) beschränkt. Beobachten Sie Werbung und nennen Sie verschiedene Werbemöglichkeiten, die nicht zur klassischen Werbung zählen.

2 WAHRNEHMUNG VON WERBEBOTSCHAFTEN

2.1 Grundbegriffe

2.1.1 Wahrnehmungsbegriff

Wahrnehmung ist die allgemeine und umfassende Bezeichnung für den Prozeß der Informationsgewinnung aus Umwelt- und Körperreizen (äußere und innere Wahrnehmung) einschließlich der damit verbundenen emotionalen Prozesse und der durch Erfahrung und Denken erfolgenden Modifikationen (aus: Drever/Fröhlich, 1972, Stichwort: Wahrnehmen). Das Ergebnis sind Sinneserlebnisse, insbesondere Vorstellungen über die Umwelt und die eigene Person, die durch Gedächtnisinhalte ergänzt und durch Denkprozesse strukturiert werden.

Die Modifikationen der eingehenden Reize werden in der Regel nicht bewußt. Eine Trennung zwischen eingehenden Reizen und Ergänzungen durch Gedächtnisinhalte ist häufig nicht möglich. Wahrnehmung ist daher SUBJEKTIV. Die gleiche Situation, der gleiche Vortrag und das gleiche Produkt werden von verschiedenen Personen mehr oder weniger unterschiedlich wahrgenommen. Weitere Kennzeichen der Wahrnehmung:

- Wahrnehmung ist KONTEXTABHÄNGIG, d.h. wird nicht nur durch psychische Prozesse (Emotionen, Erinnerungen, Denken), sondern auch durch die Wahrnehmungssituation beeinflußt. Während einer Diät wird Schokolade beispielsweise anders wahrgenommen ("macht dick") als vorher ("schmeckt lecker"). Kinder aus armen Familien nehmen Modeschmuck anders wahr als Kinder aus reichen Familien. Dies betrifft nicht nur subjektive Beurteilungen, sondern auch Eigenschaften, die objektiv wahrnehmbar sind.

- Wahrnehmung ist AKTIV. Die Umwelt wird nicht passiv registriert, sondern aktiv rekonstruiert. Es wurde schon darauf hingewiesen, daß dabei die aufgenommenen Reize häufig modifiziert werden.

- Wahrnehmung ist SELEKTIV. Von allen wahrnehmbaren Reizen wird nur ein kleiner Teil tatsächlich wahrgenommen. Die Auswahl ist nicht zufällig. Neuartige (z.B. Frauen in auffallenden Kleidern) und interessante (z.B. seltene Briefmarken für Briefmarkensammler) Wahrnehmungsgegenstände ziehen intensivere Aufmerksamkeit auf sich. Diese Wahrnehmungsselektion wird im nächsten Kapitel genauer beschrieben, weil sie für die Werbung relevant ist. Die Werbebotschaft muß so gestaltet werden, daß sie wahrgenommen und kognitiv verarbeitet wird. Eine selektive Aussonderung muß vermieden werden.

2.1.2 Wahrnehmungsselektion

Das Auge im engeren Sinne und die Wahrnehmung im weiteren Sinne sind ein spezialisiertes, besonders hoch entwickeltes System, das aus den Wechselwirkungen zwischen Organismus und Umwelt entstanden ist. Das erkennt man bei Betrachtung der wichtigsten Entwicklungsstufen:

(1) Auf der niedrigsten Entwicklungsstufe reagiert die Zelle, bei Einzellern (Protozoen) also der gesamte Organismus, auf verschiedene Reize, z. B. auf Hitze, Kälte, chemische und mechanische Reize. Die Wechselwirkung mit der Umwelt vollzieht sich auf dieser Stufe im Rahmen des Stoffwechsels (Energiewechsels).

(2) Eine erste Spezialisierung liegt vor, wenn bestimmte Zellen primär auf bestimmte Reize reagieren, z. B. Lichtreize, chemische Reize usw. Auf einer niedrigen Entwicklungsstufe können diese spezialisierten Zellen über den gesamten Organismus verteilt sein. Die gesamte Oberfläche des Regenwurms ist z. B. mit lichtempfindlichen Rezeptoren versehen.

(3) Eine höhere Entwicklungsstufe wird erreicht, wenn die spezialisierten Rezeptoren an bestimmten Körperzonen zentriert und dabei zu Systemen mit besonderen Leistungen zusammengeschlossen werden. Wichtig ist dabei die Systembildung, die auch als ein Entwicklungsprozeß beschrieben werden könnte. Dabei kommt es zu weiteren Spezialisierungen.

Das gegenwärtige Endergebnis einer solchen Entwicklung ist das menschliche Auge, das nicht nur ein Zusammenschluß lichtempfindlicher Zellen ist:

- Die Zellen haben spezialisierte Funktionen. Einige reagieren auf Helligkeitsunterschiede, andere auf verschiedene Wellenlängen. Dadurch wird z. B. Farbensehen ermöglicht.
- Die Zellen sind in einer bestimmten Weise miteinander verknüpft. Dadurch wird z. B. das Formsehen ermöglicht.

Auf dieser Entwicklungsstufe ist eine Umweltorientierung aus Distanz möglich. Entfernt stehende Nahrung kann wahrgenommen werden. Sie kann sogar indirekt erfaßt werden, nämlich z.B. durch die Beschreibung in einer Werbebotschaft.

Diese Entwicklung erfolgte nicht zufällig. Den theoretischen Rahmen liefert die Evolutionstheorie. Danach entwickeln sich vor allem die Organe und Merkmale weiter, die die Überlebenschancen einer Art erhöhen. Im Endergebnis führt das zu einer Spezialisierung. Statt vieler ungeordneter Reize werden weniger, dafür aber relevantere wahrgenommen. Bei der menschlichen Wahrnehmung sind vor allem drei Selektionsgrundsätze zu beachten:

1. Selektionsgrundsatz:

Es können nicht alle Reize kognitiv verarbeitet werden. Eine erste Selektion wird schon dadurch erreicht, daß bevorzugt die Rezeptoren entwickelt werden, die für den Organismus am informativsten sind. Es soll von **Selektion der Reizart** gesprochen werden.

2. Selektionsgrundsatz:

Im Rahmen der Reizart müssen die für die Lebenserhaltung wesentlichen Informationen möglichst ungestört wahrgenommen werden. Das ist sicherlich nicht möglich, wenn zu viele Reize empfangen werden können, da die Informationsverarbeitungskapazität beschränkt ist. Daher werden die Rezeptoren bevorzugt so entwickelt, daß nur die relevante Bandbreite der verschiedenen Reizarten wahrgenommen wird. Es soll von **Bereichsselektion** gesprochen werden.

3. Selektionsgrundsatz:

Im Rahmen der wahrnehmbaren Reize gibt es subjektiv wichtige und unwichtige Stimuli. Es werden bevorzugt die Reize kognitiv verarbeitet, die subjektiv wichtig sind. Es soll von **psychologischer Selektion** gesprochen werden.

Erläuterungen zur SELEKTION DER REIZART:

Für Fische ist die Wahrnehmung von Druckwellen besonders wichtig. Entsprechende Rezeptoren sind daher beim Fisch wesentlich besser ausgebildet als beim Menschen. Für Menschen sind Sehen und Hören besonders wichtig. Er kann dadurch Objekte aus der Distanz wahrnehmen, kann kommunizieren und manuelle Tätigkeiten durchführen. Die zunehmende Informationsüberlastung durch Werbung und andere Informationsquellen hat die Bedeutung der visuellen Wahrnehmung erhöht, insbesondere die Werbung mit Bildern, denn durch Bilder können Informationen schneller aufgenommen und kognitiv verarbeitet werden.

Beim Zusammenwirken der Sinne muß man zwischen einem Integrations- und einem Differenzierungsaspekt unterscheiden:

Integrationsaspekt: Die Umweltinformationen werden durch verschiedene Kanäle aufgenommen. Im Bewußtsein wird jedoch eine **einheitliche** Widerspiegelung der Umwelt gebildet. Ein Menü wird z. B. durch Riechen, Schmecken, Sehen und Fühlen aufgenommen, aber als Einheit wahrgenommen und bewertet.

Differenzierungsaspekt: Durch Konzentration können Sinne so gehemmt werden, daß die Informationen im wesentlichen nur durch einen Kanal eingehen. Man kann sich z. B. so auf das Lesen konzentrieren, daß nicht gehört (wahrgenommen) wird, was in der näheren Umgebung gesprochen wird. Unbewußt erfolgt eine Differenzierung zwischen den Sinnen, wenn über verschiedene Kanäle **unterschiedliche Inhalte** wahrgenommen werden. Nur bis zu einem gewissen Schwierigkeitsgrad kann man z. B. einem Gesprächspartner zuhören und ein davon unabhängiges Ereignis beobachten. Stets wird ein Lernerfolg gehemmt, wenn über verschiedene Kanäle unterschiedliche Inhalte eingehen, dagegen wird er gefördert, wenn die Inhalte gut aufeinander abgestimmt sind.

Im Fernsehen ist es daher besonders wichtig, Sprache und Bild inhaltlich zu synchronisieren. Schon kleine, kaum wahrnehmbare Abweichungen vermindern den Lernerfolg.

Erläuterungen zur BEREICHSSELEKTION:

Für das Gehör haben Sprechfrequenzen eine besondere Bedeutung. Tatsächlich ist das Gehör im Laufe der evolutionären Entwicklung auf die Sprache ausgerichtet worden. Dies verdeutlicht Abb. 3. Die grundsätzlich wahrnehmbaren Reize werden durch Frequenzen sowie obere und untere Reizschwellen begrenzt. Der Sprachschall liegt im Zentrum dieser Grenzen.

Ergebnis:

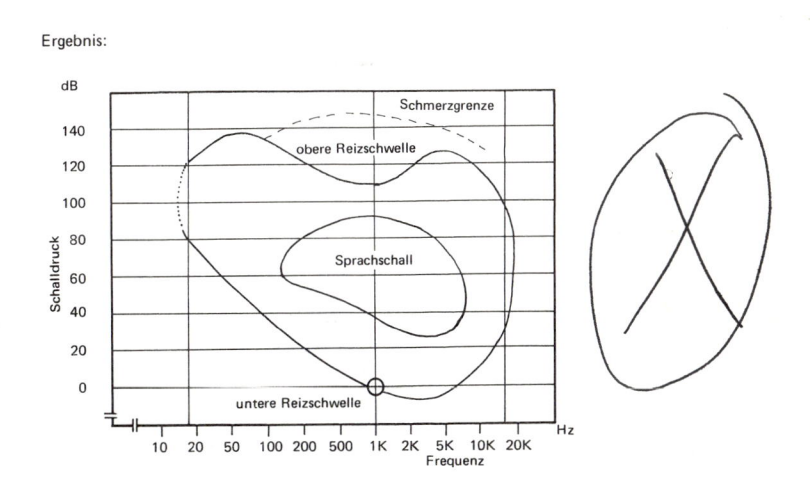

Abb. 3: Schematische Darstellung der Hörfläche
(aus: Hajos, 1972, S.42)

Erläuterungen zur PSYCHISCHEN SELEKTION:

Durch die Selektion der Reizart und die Bereichsselektion wird die Fähigkeit der Wahrnehmung begrenzt. Positiv ausgedrückt: Die wahrnehmbaren Reize werden bestimmt. Aber nicht alle wahrnehmbaren Reize werden kognitiv verarbeitet. Die meisten werden vorher ausgeblendet, einige bevorzugt wahrgenommen. Diese Selektion erfolgt nicht zufällig. Sie wird durch psychische Mechanismen gesteuert, die sich evolutionär entwickelt haben. Ihr biologischer Sinn ist noch erkennbar, hat aber seine Bedeutung teilweise verloren. Darauf soll nicht näher eingegangen werden (vgl. hierzu Behrens, 1988, S. 46 ff.). Hier sollen wichtige Reizarten vorgestellt werden, die bevorzugt wahrgenommen werden. Diese Eigenschaft wird in der Werbung instrumentalisiert, indem Stimuli mit hoher Wahrnehmungswahrscheinlichkeit als Blickfänge eingesetzt werden.

a) Intensive Reize

Laute, helle und farbintensive Reize werden bevorzugt wahrgenommen. Sie wirken in der Werbung häufig inhaltslos und unglaubwürdig. Früher waren intensive Reize in der Werbung verbreitet, heute werden sie nur noch in Grenzgebieten eingesetzt: Showgeschäft, Sonderangebote, Glücksspiele, Marktschreier u.a.m.

b) Neuartige Reize

Originelle und überraschende Reize ziehen die Aufmerksamkeit auf sich. Das spiegelt sich im Streben der Werbung nach Originalität wider. Dabei wird häufig übersehen, daß es nicht nur auf die Aufmerksamkeitsbindung ankommt. Die Hinführung zur Werbebotschaft ist für die erfolgreiche Werbewirkung entscheidend. Häufig ist es allerdings schwierig, auffallende Originalität mit der Werbebotschaft zu verknüpfen.

c) Interessen

Reize mit erheblicher subjektiver Bedeutung werden bevorzugt wahrgenommen. Einige, z.B. Kinder- und Sexsymbole, lösen bei den meisten Menschen Interesse aus, andere wirken personenspezifisch. Beispielsweise wird die Aufmerksamkeit von Katzenliebhabern durch gelungene Katzenfotos angezogen. Es ist daher sinnvoll, für Katzenfutter mit Katzenfotos zu werben. Die Zielgruppe wird dadurch angesprochen.

2.1.3 Wahrnehmungsverzerrungen

Wahrnehmung ist subjektiv. Darauf wurde schon hingewiesen. Durch subjektive Einflüsse und psychische Mechanismen wird die Wahrnehmung verzerrt. Dies

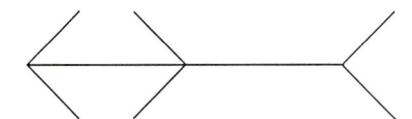

Abb. 4: Müller-Lyersche Täuschung. Die waagerechten Strecken sind gleich lang.

wurde in der Psychologie untersucht. Am bekanntesten sind wahrscheinlich die geometrisch-optischen Täuschungen (vgl. Abb. 4). Die Untersuchungen zur Konstanzannahme (Farbenkonstanz, Größenkonstanz, Formkonstanz) sind andere Beispiele für Wahrnehmungsverzerrungen. Hier sollen MONOTONE VERZERRUNGEN und GRUPPIERUNGEN genauer dargestellt werden (vgl. hierzu Behrens, 1982, S. 42 ff.).

MONOTONE VERZERRUNG:

In der Psychophysik hat man sich intensiv mit dem Verhältnis von objektiven zu subjektiven Größen beschäftigt. Die Ausgangsfrage lautet: Entsprechen die psychischen Empfindungsdifferenzen den physikalischen Intensitätsdifferenzen? Wird ein Gegenstand, dessen Gewicht man nach dem technischen Maßsystem verdoppelt hat, auch als doppelt so schwer wahrgenommen? Bei physikalischen Reizen wie Helligkeit, Lautstärke und Druck sind monotone Verzerrungen nachweisbar. Sie lassen sich gut durch logarithmische Funktionen (Fechnersches Gesetz) und Exponentialfunktionen (Exponentialgesetz) beschreiben (vgl. Abb. 5)

Fechnersches Gesetz:

$R = a + c \ln S$
R: empfundene Intensität (psychische Größe)
S: physikalische Intensität (z. B. Lautheit, Helligkeit)
a, c: Konstanten

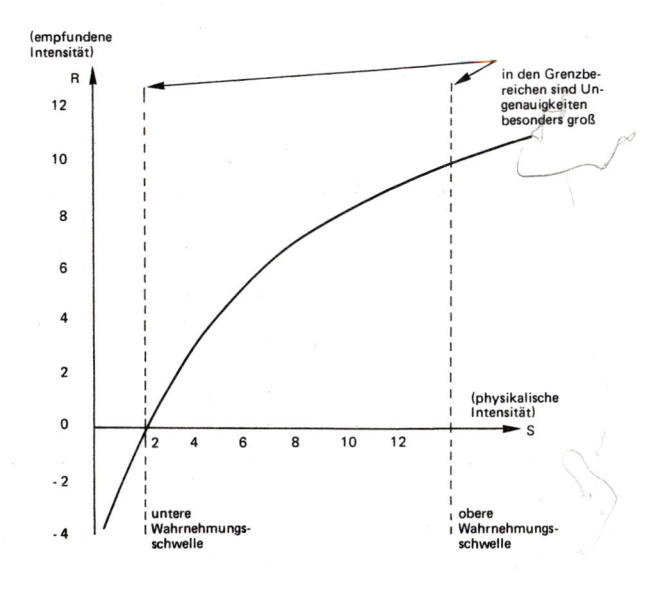

Abb. 5: Graphische Darstellung des Fechnerschen Gesetzes (vgl. Hofstätter, 1971, S. 239)

Aus der Kritik am Fechnerschen Gesetz hat Stevens das Exponentialgesetz entwickelt:

$R = k\, S^n$ n: objektspezifischer Exponent

Diese Gesetzmäßigkeit ist nicht auf physikalische Reize beschränkt, die unmittelbar durch Druck oder Lichtintensität auf die Wahrnehmungsorgane einwirken. Bei Längen- und Flächenschätzungen kann man entsprechende Verzerrungen beobachten. Dies hat zu Verallgemeinerungen geführt, die teilweise nicht haltbar sind. In der Werbung ist in diesem Zusammenhang vor allem der Einfluß der Anzeigengröße auf die Aufmerksamkeit diskutiert worden.

Aus vielen Untersuchungen geht hervor: Eine Verdopplung der Werbefläche führt nicht zu einer Verdopplung der Aufmerksamkeit oder Bekanntheit. Die Beziehung läßt sich in mehr oder weniger guter Annäherung durch eine Exponentialfunktion ausdrücken. Man spricht (ziemlich anmaßend) vom Quadratwurzelgesetz, das als psychophysisches Exponentialgesetz oder als vereinfachte Form des Fechnerschen Gesetzes aufgefaßt wird.

Quadratwurzelgesetz:

$R_Q = k \cdot \sqrt{S}$ R_Q: Aufmerksamkeitswert, berechnet durch das Quadratwurzelgesetz.
S: normierte Anzeigengröße; 1 entspricht einer ganzseitigen Anzeige, 1/2 einer halbseitigen Anzeige usw.
k: Konstante, die den Wurzelausdruck in gängige Maßeinheiten transformiert (meistens k = 100).

Die folgende Tabelle zeigt, daß die empirisch ermittelten Werte nur teilweise mit den theoretisch reproduzierten Werten des Quadratwurzelgesetzes übereinstimmen:

S \ R	Strong	Hotchkiss Franken	Fielitz	Starch	Quadratwurzelg.	Fechner
1	100	100	100	100	100	100
1/2	70,5	71	30,5	53	71	74
1/4	50	47	23	–	50	49
	empirische Werte				theoretische Werte	

Anmerkungen zur Tabelle:
- Die Werte wurden aus JACOBI (1972) und STARCH (1966) entnommen. Um die Vergleichbarkeit zu gewährleisten, wurden einige Werte transformiert.

- Die Fechner-Werte wurden nach der dem Quadratwurzelgesetz angepaßten Gleichung R = 100 + 37 ln S errechnet.

Diese psychophysische Begründung zur Wirkung der Anzeigengröße ist jedoch nicht haltbar. In den psychophysischen Untersuchungen wird die QUANTITATIVE Schätzung einer wahrgenommenen physikalischen Größe erfragt. In Untersuchungen zum Quadratwurzelgesetz wird dagegen die Erinnerung an eine QUALITATIVE Größe (Anzeigen, an die man sich aufgrund inhaltlicher Elemente erinnern kann) gemessen. Diese beiden Variablen sind nicht vergleichbar. Die quantitative Schätzung wird im wesentlichen von der zu beurteilenden quantitativen Variablen beeinflußt (z.B. Gewicht, Länge, Fläche usw.), während die Erinnerung (oder Aufmerksamkeit, Beachtung usw.) - wie viele Untersuchungen gezeigt haben - im wesentlichen durch qualitative Variablen (z.b. Neuigkeit, Widersprüchlichkeit, Komplexität) beeinflußt wird.

GRUPPIERUNG:

Neben monotonen Verzerrungen bei einfachen physikalischen Reizen sind Gruppierungen bei komplexen Wahrnehmungsinhalten feststellbar. Meinungen, Ereignisse und Produktqualitäten werden beispielsweise so verzerrt, daß eine eindeutigere Zuordnung möglich ist. Dies soll am Beispiel von wahrgenommenen Meinungen verdeutlicht werden (vgl. hierzu Behrens, 1982, S. 77 ff.).

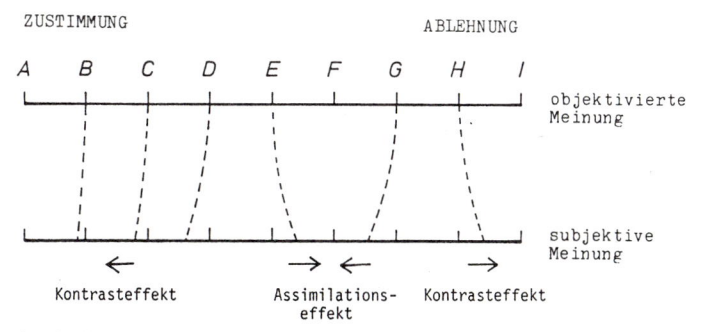

Abb. 6: Assimilations- und Kontrasteffekt

Qualitative Größen wie Meinungen werden bei der Wahrnehmung spontan in ein Meinungsspektrum eingeordnet und erhalten dadurch eine quantifizierbare Position. Sie werden - bildlich ausgedrückt - spontan auf eine Empfindungsdimension projiziert. Verbal wird dies durch Formulierungen der folgenden Art umschrieben: " Diese Meinung kommt meiner NAHE", "Ich bin WEIT davon ENTFERNT, diese Meinung zu akzeptieren" usw.

In Abb. 6 stellen die Punkte A bis I verschiedene Meinungen dar. Es sind Durchschnittswerte. Genauer: durchschnittliche subjektive Meinungen. Man kann daher von einer objektivierten Meinungsskala sprechen. Für die meisten Menschen ist E eine Position, die ziemlich genau zwischen Zustimmung und Ablehnung liegt. F und D liegen in der Nähe dieser mittleren Position, G drückt schon ziemlich deutlich Ablehnung aus. Die Frage lautet: Wie nimmt das Individuum die Meinungen wahr? Besteht ein Unterschied zwischen der objektivierten und der subjektiven Beurteilung?

F sei die persönliche Meinung einer Person. Sie nimmt beieinanderliegende Meinungen (E und G) ähnlicher wahr, als der objektivierten Differenz entspricht (Assimilationseffekt). Umgekehrt werden die "weiter entfernten" Meinungen noch deutlicher von F abgegrenzt (Kontrasteffekt). Die wahrgenommene Meinung wird folglich der eigenen angeglichen, wenn sie ihr ähnlich ist. Dagegen erfolgt eine stärkere Differenzierung, wenn deutliche Abweichungen bewußt werden. Allgemeiner: Ähnliche Aussagen werden undifferenziert zusammengefaßt, unähnliche Aussagen deutlicher unterschieden. Dadurch wird die Wahrnehmung einerseits erleichtert (deutlichere Gruppenbildung), andererseits werden feine Unterschiede verwischt.

Für Werbung und Verkaufsgespräche bedeutet dies: Inhaltlich ähnliche Aussagen werden nicht unterschieden. Damit können keine Produktdifferenzierungen erzielt werden. In der Markenwerbung findet man häufig Aussagen, bei denen mit unterschiedlichen Worten ähnliche Inhalte ausgedrückt werden. Es überrascht daher nicht, daß Marken häufig nicht an ihren Kernaussagen und Slogans erkannt werden.

Dieses Problem wird durch Einflußfaktoren verschärft, die den "Einzugsbereich" der Ähnlichkeit verändern. Mit Hilfe von Abb. 6 soll dies verdeutlicht werden: Ob nur E, F und G ähnlich sind oder das breitere Spektrum von D bis H, hängt von mehreren Einflußgrößen ab. Liberale Grundeinstellungen und Gleichgültigkeit verbreitern das Spektrum, in dem ähnliche Inhalte angeglichen werden, starke persönliche Anteilnahme (high involvement) engt es ein. In der Werbung kann man

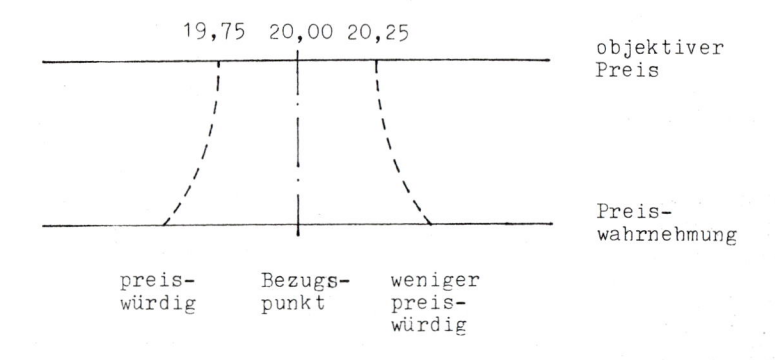

Abb. 7: Verzerrte Preiswahrnehmung

normalerweise nicht von "high involvement" ausgehen. Daher ist hier die Gefahr besonders groß, daß zwischen Werbeaussagen nicht unterschieden wird.

Entsprechendes gilt für andere komplexe Stimuli. Dazu gehören auch Preise, denn für Konsumenten sind Preise nicht einfache quantitative Werte, sondern Beurteilungen. Folglich finden wir auch bei Preisen Verzerrungen, die eine eindeutigere Zuordnung ermöglichen. Die Gruppierungsgrenzen werden durch "runde" Preise gebildet, z.B. 20,- DM (vgl. Abb. 7).

Geringe Abweichungen von runden Preisen werden aus diesem Grunde subjektiv deutlicher wahrgenommen als der objektiven Differenz entspricht. Wichtiger: Preise, die etwas unter runden Preisen liegen, werden unverhältnismäßig preiswürdiger wahrgenommen als Preise, die etwas über runden Preisen liegen. Daher findet man häufig Preise, die etwas unterhalb von runden Preisen liegen (0,97 DM; 9,80 DM; 19,50 DM).

2.2 Die Wahrnehmung einfacher Zeichen

2.2.1 Figur-Grund-Differenzierung, Gestaltbildung, Prägnanz

Die wahrgenommenen physikalischen Reize bilden zunächst eine ungeordnete Reizmenge. Figur-Grund-Differenzierung, Gestalt- und Prägnanzbildung sind grundlegende Ordnungsprozesse, durch die die wahrgenommene Reizmenge strukturiert und Wahrnehmung ermöglicht wird.

FIGUR-GRUND-DIFFERENZIERUNG:

Die Figur-Grund-Differenzierung ist ein erster Ordnungsprozeß, durch den bestimmte Teile des Wahrgenommenen hervorgehoben werden, die man FIGUR nennt. Der Rest bildet den GRUND. Die Figur scheint vor dem Grund zu stehen bzw. auf dem Grund zu liegen.

Gut abgegrenzte und lokalisierte Konfigurationen, die massiv und integriert sind, werden mit hoher Wahrscheinlich als Figuren wahrgenommen. Der Grund ist weniger durchstrukturiert und eher unbestimmt. Trotz dieser unpräzisen Kriterien gibt es kaum interindividuelle Unterschiede. Zu den wenigen Darstellungen, bei denen die Figur-Grund-Differenzierung nicht eindeutig ist, zählen die Kippfiguren (vgl. Abb. 8)

Abb. 8: Kippfigur (Pokal / Gesichtsprofile)

GESTALTBILDUNG:

Einzelne Wahrnehmungsgegenstände werden bei der Wahrnehmung häufig spontan verbunden und als Gestalt wahrgenommen. Dies erfolgt nach bestimmten Gesetzmäßigkeiten. Man spricht von "Gestaltgesetzen". Hier die wichtigsten:

Gesetz der Nähe:

Elemente, die dicht beieinander liegen, werden zusammengefaßt.

Gesetz der Ähnlichkeit:

Elemente, die sich ähnlich sind, werden zusammengefaßt. Die Ähnlichkeit kann sich beziehen auf Größe, Form, Farbe, Helligkeit, Lautheit, Klangfarbe usw.

```
++++++++++++
OOOOOOOOOOOO    = verschiedene Reihen
++++++++++++      (nicht: gleichartige Spalten)
OOOOOOOOOOOO
```

Gesetz der Geschlossenheit:

Es besteht die Tendenz, die Wahrnehmung zu ganzen, kontinuierlichen Figuren zu organisieren. Ist das Reizmuster unvollständig, so hat der Wahrnehmende die Tendenz, die fehlenden Bestandteile zu ergänzen (Geschlossenheit siegt über Nähe).

Dieses Beispiel wird als Hund, nicht als zwanzig verschiedene Kleckse wahrgenommen.

Dieses Beispiel wird als Hund, nicht als zwanzig verschiedene Kleckse wahrgenommen.

Abb. 9: Klecksbild (zum Gesetz der Geschlossenheit)

Gesetz der Kontinuität:

Elemente, die man kontinuierlich fortführen kann, werden zusammengefaßt.

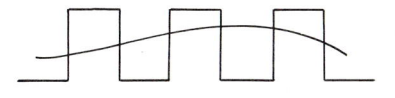

Abb. 10: Linienbildung durch das Gesetz der Kontinuität

Gesetz der "guten Gestalt":

Können Reize auf verschiedene Art organisiert werden, so schiebt sich die jeweils "beste" Reizkonfiguration in den Vordergrund. "Beste" ist hier im Sinne von Ähnlichkeit, Kontinuität, Nähe, Symmetrie usw. zu sehen.

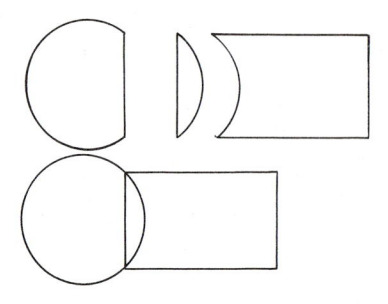

Abb. 11: Figurenbildung durch das Gesetz der "guten Gestalt". In der unteren Abbildung werden zwei Figuren wahrgenommen, nicht die drei Elemente der oberen Darstellung.

PRÄGNANZ:

Es ist versucht worden, ein den Gestaltgesetzen übergeordnetes Gesetz zu formulieren. Gestaltpsychologen sehen im Prägnanzgesetz eine zusammenfassende Verallgemeinerung der Gestaltgesetze. Unter folgenden Bedingungen erhält man prägnante Darstellungen (vgl. Behrens, 1976, S. 66 ff.):

a) Einfachheit

Einfache Figuren sind z.B. Kreise, Rechtecke und Zylinder. Sie zeichnen sich durch Regelmäßigkeiten, Geschlossenheit und Symmetrie aus. Das ist bei der Gestaltung von Markenzeichen zu beachten. Diese Zeichen müssen einfach sein, damit sie schnell erkannt werden; sie müssen sich aber auch von anderen Zeichen unterscheiden, damit keine Verwechslungen auftreten.

b) Einheitlichkeit

Einheitliche Flächen sind solche, die farblich und graphisch in sich wenig strukturiert sind. Einheitlichkeit muß bei der Gestaltung von Produktpackungen berücksichtigt werden, wenn Prägnanz und damit schnellere und eindeutigere Wahrnehmung der Verpackung das Gestaltungsziel ist.

c) Kontrast

Kontrast wird durch flächig aufgetragene Farben erzielt, die sich deutlich voneinander abheben. Es gibt viele Möglichkeiten, die Abbildung einer Produktpackung in einer Anzeige kontrastreich vom Hintergrund abzuheben, um dadurch die Wahrnehmung der Verpackung zu erleichtern.

2.2.2 Das Wiedererkennen einfacher Figuren

Unter "Wiedererkennen" versteht man das bewußte Erkennen eines Gegenstandes oder Inhalts als etwas, das bereits bekannt war oder benannt wurde. Wiedererkennen eines Gegenstandes setzt also voraus, daß der Gegenstand vorher schon einmal wahrgenommen wurde. Dabei muß sich so etwas wie ein kognitiver Repräsentant gebildet haben, der als Adresse für die mit diesem Gegenstand gespeicherten Erfahrungen fungiert.

Wird ein Gegenstand wahrgenommen, setzt ein Vergleichsprozeß ein. Das wahrgenommene Abbild des Gegenstandes wird mit kognitiven Repräsentanten verglichen. Beim richtigen Wiedererkennen darf eine Übereinstimmung nur dann festgestellt werden, wenn der kognitive Repräsentant tatsächlich den Gegenstand repräsentiert, der gerade wahrgenommen wird.

Zu klären bleibt, wie man sich den Vergleichsprozeß vorzustellen hat. Es sollen zwei Theorien beschrieben werden: Schablonentheorie und Attributtheorie.

SCHABLONENTHEORIE:

Bei der Schablonentheorie geht man davon aus, daß "Kopien" der wahrgenommenen Objekte als kognitive Repräsentanten gespeichert werden.

Beim Vergleichsprozeß des Wiedererkennens wird der gerade wahrgenommene Gegenstand wie eine Schablone auf die kognitiven Repräsentanten gelegt (daher der Name "Schablonentheorie"). Wiedererkennen bedeutet dann Deckungsgleichheit zwischen dem gerade wahrgenommenen Gegenstand und dem entsprechenden kognitiven Repräsentanten.

Die in dieser Prozeßbeschreibung enthaltenen Annahmen sind aber nicht sehr plausibel. Betrachten wir als Beispiel das Wiedererkennen des Buchstaben "A". Nur in Ausnahmefällen wird man deckungsgleiche Buchstaben wahrnehmen. Das ist nicht nur auf verschiedene Schriftarten zurückzuführen (vgl. folgende Beispiele).

$\mathcal{A}$ A A $\mathcal{A}$ A

Abb. 12: Nicht deckungsgleiche Buchstaben, die aber eindeutig als ein bestimmter Buchstabe wiedererkannt werden.

Eine starke Differenzierung erhält man zusätzlich durch unterschiedliche Sehwinkel, Seh-Abstände und Lage der Buchstaben, so daß praktisch kaum ein Buchstabe mit einem anderen völlig identisch ist.

Tatsächlich bereitet es aber keine Schwierigkeiten, äquivalente (nicht deckungsgleiche) Buchstaben schnell wiederzuerkennen. Man hat versucht, diese Widersprüche durch Hilfskonstruktionen zu klären. Das ist aber nicht gelungen.

Viele Experimente stützen eine andere Theorie, nach der beim Wiedererkennen

Gegenstände nicht in ihrer Gesamtheit miteinander verglichen werden. Nur die charakteristischen Merkmale (Attribute) werden zum Vergleich herangezogen. Diese Theorie wird unterschiedlich bezeichnet. "Attributtheorie" und "Theorie der Mustererkennung" kennzeichnen sie treffend.

ATTRIBUTTHEORIE:

Die "Attributtheorie" (eine Theorie des Wiedererkennens) darf nicht mit der "Attributionstheorie" (eine Motivationstheorie, bei der es um das Zuschreiben von Ursachen geht) verwechselt werden.

Die Attributtheorie wird hier am Beispiel der Buchstabenerkennung erläutert. Sie gilt aber umfassend für das Wahrnehmen von Objekten.

Grundsatz:

Buchstaben werden (nach einigen Leseübungen) nicht mit allen Einzelheiten wahrgenommen. Zur Identifikation reicht das Wahrnehmen von charakteristischen Merkmalen (invariante Merkmale) aus. Charakteristische Merkmale sind: Lage der Linien, Winkel, Bogen usw. (vgl. folgende Tabelle).

Buchstaben	A	B	C	D	E	F	G	H	I	J	O	Q
charakteristische Merkmale												
vertikale Linie |		1		1	1	1		2	1	1		
horizontale Linie —	1	3		2	3	2	1	1	2			
schiefwinklige Linien \ / usw.	2											1
spitze Winkel — < Λ usw.	3											2
rechte Winkel L ⌐ usw.		4		2	4	3	1	4	4			
unterbrochener Bogen U ⊃ usw.		2	1	1			1			1		
geschlossener Bogen O											1	1

Abb. 13: Kennzeichnung von Buchstaben durch invariante Merkmale (aus: Lindsay/Norman, 1973, S. 120)

Jeder Buchstabe enthält mehr charakteristische Merkmale, als zum Erkennen notwendig sind. Besonders wichtig sind charakteristische Merkmale, die immer wieder auftauchen, egal wie die Buchstaben geschrieben werden, und die den betrachteten Buchstaben von anderen Buchstaben unterscheiden.

Beispiele:

Die folgenden Buchstaben sind eindeutig zu identifizieren, obgleich sie unvollständig sind. Es sind aber noch genügend charakteristische Merkmale erkennbar.

(E) |⁻   ⁻ |⁻
             |_   L_ |⁻

Die folgenden Buchstaben sind nicht eindeutig zu identifizieren, weil notwendige charakteristische Merkmale fehlen, um sie von anderen Buchstaben zu unterscheiden (diskriminieren).

(F) |⁻   ⌐ |⁻

Für die Werbung folgt daraus: Die Produktpackung und der Produktnahme, bei denen es auf schnelle und eindeutige Identifikation ankommt, müssen charakteristische Merkmale enthalten, die sie insbesondere von den Konkurrenzprodukten abgrenzen (Diskriminationsmöglichkeit). Ein typisches Beispiel ist die geschützte Flaschenform von "Coca-Cola". Auch wenn der Produktname nicht genau zu erkennen ist, werden viele Menschen diese Getränkemarke schon an der typischen Flaschenform erkennen.

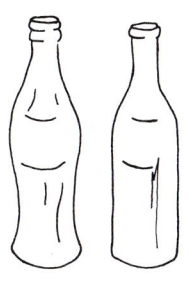

Abb. 14: Identifikationserleichterung durch eine charakteristische Flaschenform

Bei anderen Getränken ist diese Art der Produktkennzeichnung nicht so einfach durchzuführen. Bei Likören gibt es z. B. so viele verschiedene Flaschenformen, daß eine charakteristische Form, die sich deutlich von anderen abhebt, kaum noch zu finden ist.

Ein weiteres, ganz anders gelagertes Beispiel findet man in der politischen Werbung. Die Trennung der Buchstaben F. D. P. durch Punkte ist mehr als ein Gag, durch den Aufmerksamkeit erzielt werden soll. Sie hebt diese Buchstabenkombination deutlich von den Buchstabenkombinationen der anderen Parteien ab und erleichtert somit die Identifikation. (Vergleiche zur Anwendung der Attributtheorie in der Werbung auch das Kapitel "Lernen von Werbebotschaften".)

Die aus der Lerntheorie abgeleitete Forderung: "Es sind diskriminierende Stimuli zu schaffen", entspricht der aus der Attributtheorie abgeleiteten Forderung: "Es sind charakteristische Merkmale zu schaffen". Die Attributtheorie liefert die Erklärung dieser Forderungen.

Für die Attributtheorie sprechen viele Argumente. Exemplarisch sollen psychologische und physiologische Begründungen der Theorie genannt werden.

Experimentelles Beispiel zur **psychologischen Begründung der Attributtheorie:**

Aufgabe:

Zwei Versuchsgruppen wurden verschiedene Buchstaben gezeigt (Ausschnitte sind unten dargestellt worden). Der Buchstabe "K" sollte möglichst schnell gefunden werden.

(a) O D U G Q R
    Q C D U G O
    Q U G K D C
    U R S P D Q
    G U Q D O R

(b) I V M X E W
    E W V M I X
    E X W K V I
    I X E M W V
    V X W E M I

Ergebnis:

(a) Hier konnte der Buchstabe "K" schnell entdeckt werden.

(b) Hier konnte der Buchstabe "K" nicht so schnell entdeckt werden.

Erklärung:

Aus der Lösungsgeschwindigkeit geht hervor, daß nicht jeder Buchstabe bei Suchaufgaben genau identifiziert wird. Vielmehr werden nur die für den gesuchten Buchstaben charakteristischen Merkmale herausgefiltert - bei "K" z. B. die charakteristischen Winkel - und mit den entsprechenden Merkmalen (Attributen) der gespeicherten kognitiven Repräsentanten der Buchstaben verglichen. In der Buchstabenmenge (b) kommen viele Buchstaben mit Winkeln vor und damit auch mehr Zweifelsfälle, die genau untersucht werden müssen. Das erhöht die Lösungsdauer der Aufgabe.

Physiologische Begründung der Attributtheorie:

Das Herausfiltern der charakteristischen Merkmale erfolgt im Nervensystem. Zur physiologischen Begründung müssen wir daher von den Funktionen der Nervenzellen und der Nervenschaltungen ausgehen.

Die Nervenzellen (Neuronen) sind miteinander verbunden. Dadurch können elektrische Impulse an andere Nervenzellen weitergegeben werden (vgl. Abb. 15).

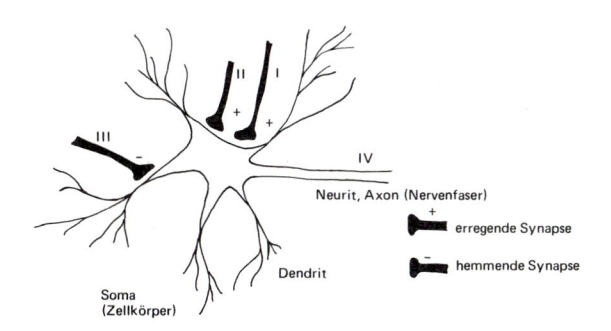

Abb. 15: Nervenzelle mit Synapsen

Die Synapsen sind die Stellen, an denen ein Neurit mit einem Dendriten oder dem Zellkörper einer anderen Nervenzelle verbunden ist. Es gibt erregende und hemmende Synapsen. Im einfachsten Fall wird ein Impuls über eine erregende Synapse zu einem Dendriten oder direkt zum Zellkörper einer anderen Nervenzelle geleitet. Die Nervenzelle leitet diesen aufgenommenen Reiz über eine eigene Nervenfaser und eine Synapse zu einer anderen Nervenzelle. Dieser Prozeß kann sich fortpflanzen. Es ist aber auch möglich, daß die Weiterleitung durch eine gleichzeitig aktivierte hemmende Synapse verhindert wird, oder daß mehrere Impulse über erregende Synapsen eintreffen müssen, damit die Nervenzelle einen Impuls weiterleitet.

Ein Beispiel soll die verschiedenen Schaltmöglichkeiten verdeutlichen:

Die oben gezeichnete Nervenzelle hat zwei erregende und eine hemmende Synapse. In diesem Beispiel wird dann ein Impuls weitergeleitet, wenn Impulse über die beiden erregenden Synapsen eintreffen. Abb. 16 zeigt eine Übersicht über Schaltmöglichkeiten dieser Nervenzelle.

I, II = erregende Synapse
III = hemmende Synapse
IV = Impulsleitung (Axon)
+ = Aktivierung
0 = keine Aktivierung

I	II	III	IV
0	0	0	0
0	+	+	0
+	0	0	0
+	+	0	+
+	+	+	0

I, II = erregende Synapsen
III = hemmende Synapse
IV = Impulsleitung (Axon)
\+ = Aktivierung
0 = keine Aktivierung

Abb. 16: Schaltmöglichkeiten

Durch entsprechende Schaltungen können charakteristische Rezeptorfelder (hier: ON-OFF-Elemente) entstehen (vgl. Abbildungen 17 und 18).

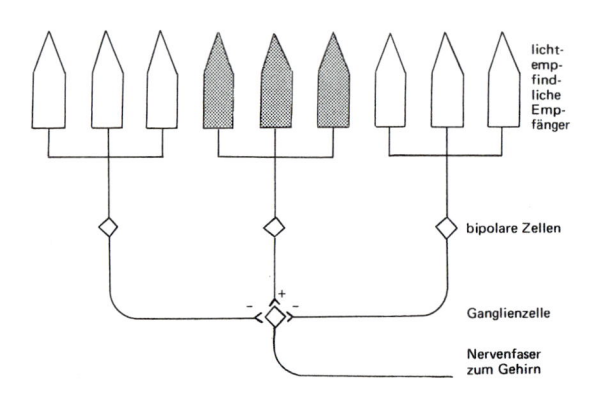

Abb. 17: Seitenansicht und Schaltung eines ON-OFF-Elementes (mit wenigen lichtempfindlichen Empfängern)

+ : erregende Empfänger

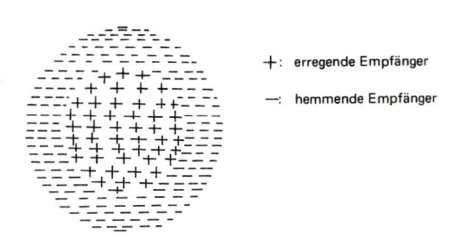

– : hemmende Empfänger

Abb. 18: Aufsicht eines ON-OFF-Elementes

Trifft ein Lichtstrahl auf die mittleren Empfänger, wird ein Impuls weitergeleitet. Werden Zentrum und Peripherie getroffen, wird kein Impuls weitergeleitet

Schaltet man mehrere ON-OFF-Elemente zusammen, kann die Lage einer Linie indentifiziert werden (vgl. Abbildungen 19 und 20).

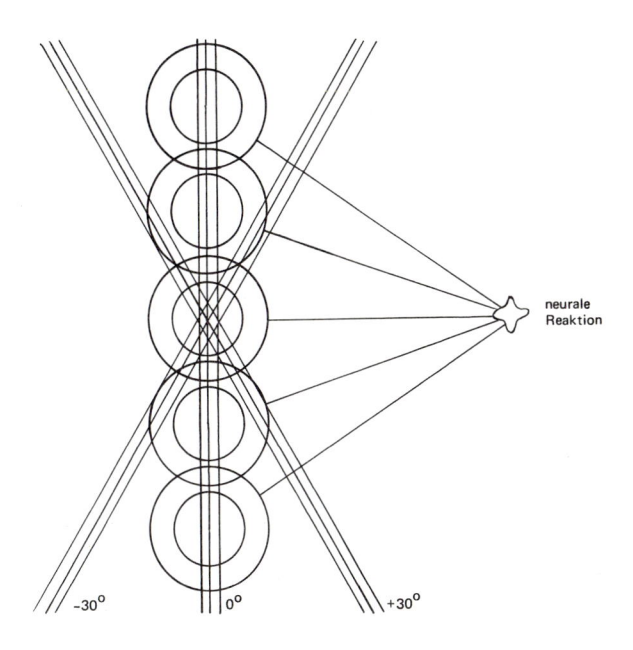

Abb. 19: Linien, die in verschiedenen Winkeln auf ON-OFF-Elemente treffen und unterschiedliche Reaktionen auslösen.

Die Reaktionen der ON-OFF-Elemente in Abb. 19 werden zusammengefaßt. Die Gesamtreaktion wird in Abb. 20 gezeigt. Die Reaktionsspitze signalisiert die Wahrnehmung einer senkrechten Linie. Niedrigere Niveaus weisen auf Neigungen der wahrgenommenen Linie hin.

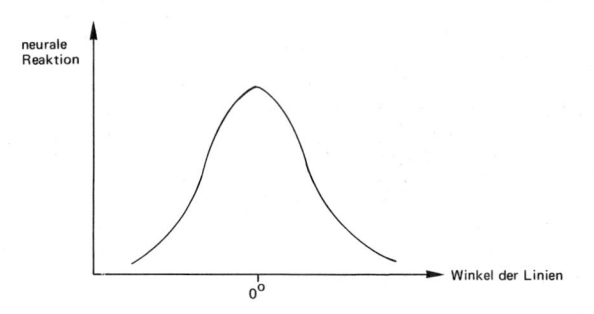

Abb. 20: Reaktionsdiagramm

Durch Nervenschaltungen können folglich charakteristische Formmerkmale identifiziert werden. Das sollte gezeigt werden.

2.3 Wort- und Satzwahrnehmung

Wörter und auch kurze Sätze können erkannt werden, ohne daß jeder einzelne Buchstabe identifiziert werden muß, d. h. beim Wahrnehmen von Wörtern und kurzen Sätzen werden übergeordnete Identifikationseinheiten (Muster) gebildet.

Experimentelle Begründung:

Man benötigt etwa 100 msec., um einen Buchstaben genau zu erkennen. Ein 5buchstabiges Wort wird aber in etwa 200 msec. erkannt, pro Buchstabe sind das nur 40 msec. Das Wort kann in dieser Zeit nicht Buchstabe für Buchstabe gelesen worden sein.

Genauere Erklärung:

Buchstaben werden durch charakteristische Identifikationsmerkmale erkannt (Lage der Linien, Winkel, Bogen usw.). Entsprechendes gilt für Wörter und kurze Sätze. Nicht die einzelnen Buchstaben werden identifiziert, sondern charakteristische Formmerkmale (Attributtheorie). Zusammenfassend soll von Identifikationsmustern gesprochen werden.

Identifikationsmuster werden durch Erfahrung (Leseübungen) gelernt. Zunächst werden komplexe Muster zur Identifikation benötigt, die redundant sind, d. h. die mehr Informationen enthalten als notwendig sind. Mit der Erfahrung wird dieses Repertoire auf die notwendige Menge reduziert. Der kognitive Identifikationsaufwand wird damit reduziert und die Lesegeschwindigkeit erhöht.

Zum Einfluß invarianter Merkmale auf die Identifikationsgeschwindigkeit ein Beispiel:

(a) IDENTIFKATION

(b) IdEnTiFiKaTiOn

Der Schrifttyp (b) ist schwieriger zu identifizieren, weil dieses Schriftbild seltener vorkommt und sich daher keine optimalen Identifikationsmuster bilden konnten.

Identifikationsmuster erhöhen die Wahrnehmungsgeschwindigkeit, führen aber bei ähnlichen Wörtern häufig zu Verwechslungen. Ein Beispiel: Es ist nicht überraschend, daß häufig die Telefonnummer des "Gasthauses zur TANNE" herausgeschrieben wird, wenn die Telefonnummer des "Gasthauses zur TONNE" gesucht wird. Die Wörter "Tanne" und "Tonne" sind inhaltlich zwar unterschiedlich, figürlich aber ähnlich. Die äußere Ähnlichkeit führt zu Verwechslungen. Entsprechende Beispiele kann man bei Produktnamen finden. Um Mißbräuche zu verhindern, werden deshalb neben dem eigentlichen Markennamen häufig auch ähnliche Namen geschützt. (Vgl. hierzu im Kapitel "Lernen von Werbebotschaften" auch die Ausführungen über die Generalisierung, bei denen es um eine gleichartige Problematik unter anderem Aspekt geht.)

FOLGERUNGEN FÜR DIE WERBUNG:

Es müssen eindeutige und schnell wahrnehmbare Identifikationsmuster gebildet werden. Markenzeichen müssen daher nicht nur inhaltlich von den Zeichen konkurrierender Marken abgegrenzt werden, sondern auch figürlich. Bei der Auswahl von Markennamen können diese Anforderungen zu Schwierigkeiten führen.

Einerseits werden häufig vorkommende, kurze, konkrete Wörter der Umgangssprache schnell wahrgenommen, weil hier fertige Identifikationsmuster vorhanden sind. Dies spricht für die Verwendung dieser Wörter für Markennamen. Andererseits haben Wörter aus der Umgangssprache häufig eine emotionale Ladung, die nicht zum Produktimage paßt. Daher werden oft Kunstwörter als Produktnamen gewählt.

Der Einfluß bestehender Identifikationsmuster muß auch bei der Auswahl der Schriftart beachtet werden. Große und dicke Buchstaben gewährleisten beispielsweise keine schnelle Identifikation. In der Regel werden normale Schrifttypen von häufig verwendeten Grundschriften am schnellsten gelesen, weil der Leser sich daran gewöhnt hat, d.h. hiervon sind optimale Identifikationsmuster gebildet worden.

Neue Identifikationsmuster entstehen, wenn bestimmte Gestaltungselemente über eine Folge von Werbeanzeigen konstant gehalten werden. Das kann am Beispiel der Cognacmarke Hennessy verdeutlicht werden. Invariante Merkmale sind hier nicht nur das Produkt und der Produktname, sondern auch bestimmte Farben und das Grundmotiv: Monsieur Hennessy sitzt in einem Saal seines Schlosses auf einem Sofa und empfängt ungewöhnliche Gäste. Viele Personen können daher eine Werbeanzeige für Hennessy auch dann identifizieren, wenn das Produkt und der Produktname nicht genau zu erkennen sind. Das typische Sofa, der Leuchter, Monsieur Hennessy und das zentrale Thema weisen eindeutig auf diese Cognacmarke.

2.4 Textwahrnehmung

Beim sinnvollen Lesen kann man "Wort-für-Wort Lesen" und "inhaltliches Lesen" unterscheiden.

a) Wort-für-Wort Lesen:

Es kommt zu einem inneren Verbalisieren, das mit dem lauten Lesen zu vergleichen ist. Dieses innere Verbalisieren kommt bei ungeübten Lesern, schwierigen Texten und undeutlicher Schrift vor.

b) Inhaltliches Lesen:

Hier erfolgt kein inneres Mitsprechen, sondern nur ein inhaltliches Erfassen. Es werden nur die Wörter erfaßt, die zum Verstehen notwendig sind. Der Rest wird sinnvoll ergänzt. Dabei können natürlich Fehler vorkommen. Man spricht hier auch von einem "äußerlich gelenkten" Denken.

Folgerungen für die Werbung:

Der Text muß so gestaltet sein, daß auch mit geringem Konzentrationsaufwand das Wesentiche erfaßt wird.

Durch die Gestaltung der Anzeige kann man das inhaltliche Lesen wesentlich beeinflussen. Das bedeutet:

Sinneinheiten müssen graphisch zusammengefaßt werden, Wesentliches muß hervorgehoben werden, Wortwahl, Satzbau und Gedankenfolge müssen leicht verständlich aufgebaut sein.

Diese Probleme sind unter dem Stichwort "Verständlichkeit" untersucht worden. Darauf soll näher eingegangen werden.

Die Informationsübermittlung scheitert häufig an der Verständlichkeit. Bedienungsanleitungen, Resolutionen und Gesetzestexte sind auch bei aufmerksamem Lesen meistens schlecht verständlich. Für die Werbung sind die Voraussetzungen sogar noch ungünstiger: Während Bedienungsanleitungen aufmerksam gelesen werden, wird Werbung nur flüchtig betrachtet. Für die Werbung ist daher schnelles Verstehen besonders wichtig.

Zunächst wird ein Überblick über wichtige Einflußfaktoren der Verständlichkeit gegeben. Es werden zwei Klassen unterschieden: Soziokulturelle und linguistische Faktoren.

Soziokulturelle Faktoren

Grundsatz:

Der Werbetext muß der Kultur und der sozio-ökonomischen Schicht angepaßt werden.

Kulturelle Einflüsse:

Übersetzt man Werbetexte, die sich z. B. in Japan bewährt haben, ist damit ihr Erfolg in Deutschland keineswegs gesichert. Begriffe, Redewendungen, stilistische Feinheiten, Pointen usw. lassen sich nur unvollkommen oder gar nicht von einer Kultur in eine andere übertragen.

Sozio-ökonomische Einflüsse:

In der Werbepraxis hat man es nicht so häufig mit kulturellen Einflüssen zu tun. Dagegen wird man täglich mit der Differenzierung nach sozio-ökonomischen Schichten konfrontiert. In der Soziolinguistik wurde nachgewiesen, daß sich die Sprachen verschiedener sozio-ökonomischer Schichten (z. B. Arbeiter, höhere Beamte usw.) unterscheiden. Der verständliche Werbetext muß die Spracheigenart der Zielgruppe berücksichtigen, was keineswegs immer bedeutet, daß er umgangssprachlich abzufassen ist.

Linguistische Faktoren

Grundsatz:

Die Verständlichkeit wird erhöht durch: kurze und grammatisch einfache Sätze, Vermeidung von Fremdwörtern, Bevorzugung von geläufigen, kurzen, konkreten Wörtern.

Die Stichhaltigkeit dieses Grundsatzes ist leicht zu überprüfen, wenn man einen schwerverständlichen Text (z. B. Gesetze) mit einem relativ leichtverständlichen (z. B. Werbetext) vergleicht. Die hier erwähnten Verständlichkeitsindikatoren bilden auch den Kern von Verständlichkeitsformeln, durch die Verständlichkeitsmaße errechnet werden.

Als Beispiel sei die **Flesch-Formel** erwähnt. Sie verlangt folgendes Vorgehen:

(1) Man nehme eine Stichprobe von 100 Wörtern aus dem Textmaterial,

(2) man bestimme darin die Anzahl der Silben pro 100 Worte (wl),

(3) man bestimme darin die Durchschnittszahl der Worte pro Satz (sl),

(4) man setze diese Werte (wl und sl) in folgende Formel ein:

RE (Reading Ease) = $206{,}835 - 0{,}846\, wl - 1{,}015\, sl$

Die erreichbaren Werte gehen etwa von 0 bis 100. Je höher der Wert, desto leichter ist der Text zu verstehen.

Die Flesch-Formel kann nur ein sehr grobes Verständlichkeitsmaß angeben, das einen ersten Vergleich zwischen Texten ermöglicht.

Genauer und umfassender ist ein Ansatz, der in Hamburg entwickelt wurde (vgl. SCHULZ VON THUN, 1975). Dort hat man nicht einzelne Faktoren isoliert untersucht, wodurch zwangsläufig immer nur bestimmte Aspekte der Verständlichkeit beleuchtet werden, sondern ein **Programm** entwickelt, das neben der **Verständlichkeitsprüfung** auch eine **Anleitung zur Formulierung verständlicher Texte** beinhaltet. Hier sollen nur die wichtigsten Punkte genannt werden, auf die Texte nach diesem Konzept untersucht werden:

(a) **Einfachheit**, keine Kompliziertheit, d. h. kurze Worte und Sätze verwenden, Fach- und Fremdwörter vermeiden.

(b) **Gliederung und Ordnung**, nicht Ungegliedertheit und Zusammenhanglosigkeit, d. h. äußere Übersichtlichkeit (Absätze, Überschriften, Hervorhebungen usw.) und innere Folgerichtigkeit beachten.

(c) **Kürze und Prägnanz**, keine Weitschweifigkeit, d. h. sich auf das Wesentliche beschränken.

(d) **Zusätzliche Stimulanz**, d. h. durch Beispiele, Fragesätze, Vergleiche usw. anregen und zum Mitdenken motivieren.

Nicht immer lassen sich alle Punkte gleichzeitig verwirklichen, die für die Verständlichkeit wichtig sind.

Ein Beispiel soll das verdeutlichen:

57 StVZO (Originaltext)

"Die Anzeige der Geschwindigkeitsmesser darf vom Sollwert abweichen in den letzten beiden Dritteln des Anzeigenbereiches - jedoch mindestens von der 50 km/st-Anzeige ab, wenn die letzten beiden Drittel des Anzeigenbereiches oberhalb der 50 km/st-Grenze liegen - 0 bis +7 von Hundert des Skalenendwertes; bei Geschwindigkeiten von 20 km/st und darüber darf die Anzeige den Sollwert nicht unterschreiten."

57 StVZO (verbesserter Text)

Um wieviel darf die Tachometeranzeige im Auto von der tatsächlichen Geschwindigkeit abweichen?

- Bis 20 km/st gibt es keine Vorschrift.

- Ab 20 km/st darf der Tacho **auf keinen Fall zu wenig** anzeigen.

- **Etwas mehr ist erlaubt.** Wieviel? Bis **7 % von der Höchstgeschwindigkeit**, die auf dem Tacho eingezeichnet ist. Angenommen er reicht bis 120, dann darf er 7 % von 120 (= 8,4) zuviel anzeigen.
  Höchstens!
  Diese Regel gilt für die beiden oberen Drittel des Tachos: also z. B. beim 120er-Tacho zwischen 40 und 120 km/st.

- Reicht der Tacho über 150 km/st, dann beginnt die 7 %-Regelung ab 50 km/st.

Der verbesserte Text ist in diesem Beispiel länger. Trotzdem ist er insgesamt verständlicher, weil vor allem Einfachheit und Gliederung/Ordnung erheblich verbessert worden sind. Die Stimulanz wurde nur geringfügig erhöht. Dies ist bei Gesetzestexten nicht so wichtig, wohl aber bei Werbetexten.

Es wurde darauf hingewiesen, daß Gliederung und Ordnung die Verständlichkeit beeinflussen. Dazu trägt auch die äußere Gestaltung einer Werbebotschaft bei. Dies soll an einem Beispiel erläutert werden.

Grundsatz:

Slogans und kurze Texte werden dann am besten verstanden, wenn pro Zeile eine Sinneinheit steht.

Ein Beispiel soll zeigen, was darunter zu verstehen ist:

Zinn 40 zum Kippen zu schade

In dieser unstrukturierten Form ist der Slogan bei flüchtiger Betrachtung inhaltlich nur schlecht zu erfassen.

Aber noch problematischer kann eine falsche Strukturierung sein, wie sie z. B. die folgende Variante zeigt:

> Zinn 40 zum Kippen
> zu schade

Die zusammenhängend gelesene Zeile "Zinn 40 zum Kippen" kann leicht mißverstanden werden und ungewollte Assoziationen auslösen.

Die folgende Variante zeigt eine bessere Strukturierung nach Sinnheiten:

> Zinn 40
> zum Kippen
> zu schade

(Im Originaltext steht hinter "Zinn 40" zur weiteren Abgrenzng noch ein Gedankenstrich.)

Zusammenfassung:

Es ist zu vermeiden, daß semantisch sinnvolle Einheiten zerrissen und auf zwei Zeilen verteilt werden.

2.5 Personenwahrnehmung

Die flüchtige Betrachtung eines fremden Menschen reicht in der Regel aus, um festzustellen, ob er glücklich, ärgerlich oder traurig ist. Man empfindet außerdem, ob er sympathisch oder unsympathisch ist. Man fühlt sich häufig sogar in der Lage, etwas über die Persönlichkeitsvariablen auszusagen, z. B. über Intelligenz, Aggressivität und Selbstsicherheit. Eine so umfassende Beurteilung setzt eigentlich eine Vielzahl von Informationen voraus. Die flüchtige Betrachtung kann diese Informationsmenge nicht liefern. Damit diese kognitive Leistung trotzdem möglich ist, müssen zwei Voraussetzungen erfüllt sein:

- Es muß schnell wahrzunehmende Stimuli (Zeichen) geben, die direkt oder indirekt auf wichtige Beurteilungskategorien hinweisen, z. B. darauf, daß die wahrgenommene Person glücklich und intelligent ist. Dies ist aber nicht ausreichend, um zu einem umfassenden und konsistenten Urteil zu kommen. Dazu ist eine weitere Voraussetzung notwendig.
- Es muß kognitive Ordnungsprozesse geben, die die wahrgenommenen Informationen so integrieren und durch Erfahrungen ergänzen, daß ein geschlossener Gesamteindruck von der wahrgenommenen Person entsteht.

Hier soll nur auf die Stimuli der Personenwahrnehmung (das Zeichenrepertoire) eingegangen werden.

Es können zwei Stimulusklassen unterschieden werden: die Kontextstimuli und die äußeren Merkmale der wahrgenommenen Person.

KONTEXTSTIMULI

Zu den Kontextstimuli zählen nicht nur Zeichen, wie z.b. soziale Markierungen, die etwas über den Lebensstandard aussagen. Für die Interpretation des Verhaltens und der Kommunikation ist darüber hinaus der Ereigniskontext von besonderer Bedeutung.

Angenommen es ist bekannt, daß der Ehepartner einer wahrgenommenen Person verunglückt ist. Das Verhalten, z.B. die Buchung einer Urlaubsreise, wird dann in einer bestimmten Weise interpretiert. Dabei werden Annahmen über Emotionen und Persönlichkeitsmerkmale gemacht. Das gleiche Verhalten wird anders gedeutet, wenn man erfährt, daß die betreffende Person 100 000,- DM gewonnen hat. Gleiches Verhalten wird folglich in verschiedenen Ereigniskontexten unterschiedlich beurteilt.

ÄUßERE MERKMALE

Kontextstimuli werden nicht unabhängig von den äußeren Merkmalen einer Person wahrgenommen. Aus methodischen Gründen ist es aber sinnvoll, diese beiden Stimulusklassen zu trennen. Dies gilt auch für die verschiedenen Personenmerkmale. Sie beeinflussen sich gegenseitig, lassen sich aber methodisch besser isoliert erfassen. Auch aus Gründen der Übersichtlichkeit ist es zweckmäßig, sie getrennt zu beschreiben. Dabei kann von folgender Einteilung ausgegangen werden:

Körperzeichen:
- Gesichtsausdruck
- Geste
- Haltung

Gestaltungszeichen:
- Persönliche Darstellung
- Räumliche Aufstellung
- Extraverbale Ausdrucksweise

Exemplarisch soll ein Gebiet etwas genauer behandelt werden: der Gesichtsausdruck. Bei der Deutung des Gesichtsausdrucks sind verschiedene Kategorien zu unterscheiden:

a) Kommunikative Symbole
b) Emotionen
c) Persönlichkeitsmerkmale

Zu a) Kommunikative Symbole

Sprache und Gesichtsausdruck bilden ein Ausdruckssystem. Der Gesichtsausdruck kann verbale Äußerungen unterstützen, aber auch relativieren. Er kann unabhängig von der Sprache Zustimmung, Ablehnung, Ermunterung u.a.m. ausdrücken. Zum Teil wird der Gesichtsausdruck durch die Sprache kontrolliert, zum Teil als Konvention gelernt, beispielsweise der freundliche Gesichtsausdruck bei der Begrüßung und der ernste bei kirchlichen Feiern. Man nennt dies "nonverbale Kommunikation". Ihre Erforschung ist problematisch, da das Zeichenrepertoire umfangreich ist und nur schwierig beobachtet werden kann. Der Gesichtsausdruck, der die Sprache begleitet, wechselt sehr schnell und wird häufig nur flüchtig angedeutet.

Die Bedeutung der nonverbalen Kommunikation für die Werbung wird häufig unterschätzt. Mehr unbewußt als bewußt entstehen Verständnisschwierigkeiten, wenn verbale und nonverbale Aussagen nicht stimmig sind. Auch in der Marktforschung muß der Einfluß der nonverbalen Kommunikation beachtet werden. Man hat beispielsweise festgestellt, daß in vielen Experimenten die Versuchspersonen durch die Erwartungen der Versuchsleiter beeinflußt werden. Dabei geht es nicht um verbale Beeinflussungen (das wäre dann kein wissenschaftliches Experiment mehr), sondern um nonverbale Kommunikation. Durch nonverbale Zeichen signalisiert der Versuchsleiter unabsichtlich seine Erwartungen. Unbewußt orientieren sich viele Versuchspersonen daran. Man spricht in diesem Zusammenhang vom "Versuchsleitereffekt". Entsprechendes findet man bei Interviews.

Zu b) Emotionen

Man findet in der Literatur Mutmaßungen darüber, wieviele emotionale Zustände durch Gesichtsausdrücke differenziert werden können. Diese Frage wird wohl nie beantwortet werden, da die Grenzen zwischen emotionalen Zuständen fließend sind. Außerdem ist es vielfach so, daß Unterschiede deutlich empfunden werden, aber sprachlich nicht eindeutig artikuliert werden können.

Sicherlich können aus charakteristischen Gesichtszügen aber grundlegende Emotionen wie Angst, Freude, Trauer usw. erkannt werden. Die folgenden Bilder (vgl. Abb. 21) zeigen Beispiele aus einer empirischen Untersuchung.

Durch leichte Veränderungen sind feinere Differenzierungen der emotionalen Zustände möglich. Zwei Gesichtsausdrücke, die äußerlich sehr ähnlich sind, können folglich unterschiedliche Emotionen ausdrücken. Am Beispiel des Gesichtsausdrucks, der undifferenziert als "traurig" eingeordnet wird, soll dies verdeutlicht werden (vgl. Abb. 22).

In der Anzeigenwerbung braucht man ein **Hintergrundmotiv**, das einen positiven Gesamteindruck auslöst. Besonders einfach erreicht man das, indem glückliche Menschen dargestellt werden. Wichtigstes Erkennungsmerkmal für empfundenes Glück ist der lächelnde Mund, wie oben gezeigt wurde.

Nun gibt es auch beim Lächeln verschiedene Ausdrucks- und Darstellungsformen. Auffallend ist, daß in Werbeanzeigen, besonders bei der Abbildung von Frauen,

glücklich

ärgerlich

traurig

Abb. 21: Gesichtsskizzen mit verschiedenen Ausdrucksformen

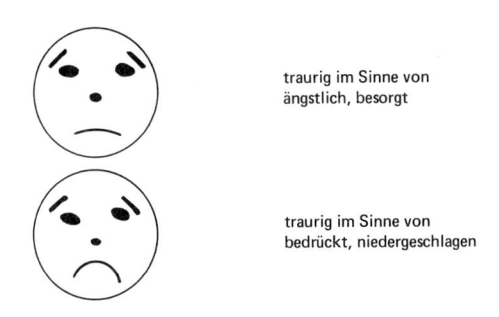

traurig im Sinne von
ängstlich, besorgt

traurig im Sinne von
bedrückt, niedergeschlagen

Abb. 22: Verschiedene Ausdrucksformen der Traurigkeit

meistens **eine** Grundform dargestellt wird: das jugendlich-frisch wirkende Lachen mit leicht geöffnetem Mund. Eine Variante, die man auch häufig sieht, ist das zurückhaltend wirkende Lächeln mit geschlossenen Mund. Diese Darstellungsform findet man vorwiegend bei reiferen Damen, denen man dadurch stärkere Zurückhaltung und mehr Kontrolle über sich zuschreibt und dann auch im Zusammenhang mit der Werbung für Luxusgüter. Das nur angedeutete Lächeln verstärkt hier den Eindruck der Eleganz.

Auch Männer lächeln in Werbeanzeigen, allerdings häufiger als Frauen mit geschlossenem Mund und nicht selten mit einem nur leicht angedeuteten Lächeln. Das strahlt Selbstkontrolle und Überlegenheit aus. Dieser Ausdruck paßt zu der Rolle, die der Mann in der Werbung einnimmt: Bankangestellte, Versicherungsagenten, Manager usw. wirken überzeugender, wenn sie überlegen-zurückhaltend lächeln, als wenn sie jugendlich-offen lächeln.

In der Werbung werden natürlich auch ganz andere Charaktere dargestellt. Im Mittelpunkt der Malboro-Werbung steht ein urwüchsig-energischer, entschlossener Charakter. Man hat diese Kennzeichnung durch Hervorhebung mehrerer charakteristischer Merkmale erreicht: dünne, geschlossene Lippen, kein Lächeln, gerade Mundwinkel. Dies drückt Entschlossenheit und Willenskraft aus. Verstärkt wird diese Charakterisierung durch die leicht zusammengekniffenen Augenlider, das etwas kantige Gesicht, die rauhe Haut und natürlich durch Cowboy-Kleidung. Diese Hinweise zur Charakterdarstellung leiten zum nächsten Themenbereich über.

Zu c) Persönlichkeitsmerkmale

Zu diesem Themenkreis findet man viel Literatur. Es fehlt nicht an umfangreichen Büchern, in denen detailliert die Zusammenhänge zwischen Gesichtsausdruck und Charakter beschrieben werden. Nicht zu Unrecht wird die so extensiv ausgelegte Ausdrucksforschung in die Nähe der Astrologie und Magie gesetzt. Nur mit Hilfe des Gesichtsausdrucks ist keine fundierte Charakteranalyse möglich. Wer daran glaubt, tut vielen Menschen Unrecht, indem er sie aufgrund von Vorurteilen abqualifiziert.

Man kann dagegen nicht verhindern (und es steckt auch eine nützliche Funktion - Erleichterung der Einordnung, Einschätzung, Entscheidung - dahinter), daß sich spontan eine **erste** Vorstellung von der Persönlichkeit eines Menschen bildet, den man zum ersten Mal und nur flüchtig sieht. Der Gesichtsausdruck spielt dabei eine wichtige Rolle.

Man unterscheidet verschiedene Gesichtsteile:
- Stirnraum
  Untersucht wurden insbesondere die Form der Stirn und die Stirnfalten.
- Augen-, Nasen-, Mundraum
  Dazu zählen auch die Wange und das Jochbein. Diese Teile werden häufig untersucht und fein differenziert.
- Unterkiefer- und Kinnraum
  Dieser Bereich hat in der wissenschaftlichen Literatur geringe Bedeutung.

Zwei Gesichtsteile werden hier exemplarisch etwas näher dargestellt. Auf die anderen wird aus Platzgründen nicht näher eingegangen.

Die Stirn

Merkmal	spontane Charakterdeutung
hohe Stirn	hohe Intelligenz
fliehende Stirn	niedrige Intelligenz
glatte Stirn	jugendlich, aber auch unerfahren, naiv
einige horizontale Falten	freundlich, ehrlich
senkrechte Falten	ernst, entschlossen, aber auch mißtrauisch-distanziert

Die Lippen

Merkmal	spontane Charakterdeutung
dünne Lippen, insbesondere mit festem Lippenschluß	Willenskraft, Entschlossenheit, aber auch Härte, Rücksichtslosigkeit (vgl. z.B. "Marlboro-Cowboy")
dicke Lippen, insbesondere mit leicht geöffnetem Lippenschluß	Empfindung dominiert hier über Willenskraft, besonders bei Frauen sinnlich-erotische Wirkung (sexy). (In betonter Form häufig bei Pin-Up-Girls.)

2.6 Bildwahrnehmung

Ein Bild kann als zweidimensionale Repräsentation eines Objektes oder Umweltausschnittes aufgefaßt werden. Es wird physiologisch wie Personen und Zeichen wahrgenommen, nämlich nicht als Gesamtheit, sondern durch Identifikationsmuster. Diese Aspekte sind beschrieben worden. Hier sollen die Bildgenese und Eigenschaften der Bildwahrnehmung näher dargestellt werden.

BILDGENESE:

Ein einzelnes Objekt, z.B. eine Person oder ein Produkt, enthält viele Details. Die flüchtige Wahrnehmung reicht häufig nicht einmal zum Wiedererkennen aus und schon gar nicht zum Erfassen von Details. Das Bewußtwerden wahrgenommener Bilder ist ein Entwicklungsprozeß.

In der Terminologie der Attributtheorie (vgl. das Kap. über "Wiedererkennen einfacher Figuren") kann man sagen: Zunächst werden für das Wiedererkennen einfache Identifikationsmuster herausgefiltert, die dann bei genauerer Wahrnehmung angereichert werden. Dieser Vorgang läuft wahrscheinlich in Form einer hierarchischen Kategorisierung ab. Zuerst geht es um das Erkennen der Art

(Lebewesen, Pflanze, Produkt ...), dann um die nähere Bestimmung (was für eine Person?) und schließlich um Einzelheiten.

In der Gestaltpsychologie hat man sich intensiv mit der Wahrnehmungsgenese beschäftigt. Es wurde die Theorie der Aktualgenese entwickelt. Danach wird zuerst unter schlechten Voraussetzungen (z.b. kurze Wahrnehmungszeit oder schlechte Lichtverhältnisse) eine diffuse, undifferenzierte Vorgestalt entwickelt. Unter besseren Voraussetzungen entsteht dann eine immer detailliertere Gestalt. Die Aktualgenese ist zwar plausibel, aber wahrnehmungstheoretisch problematisch.

Soviel zur Wahrnehmungsgenese einzelner Objekte. Bei der Bildwahrnehmung kommt ein anderes Problem hinzu. Einzelne Objekte können in der Regel mit einem Blick erfaßt werden, Bilder nicht. Sie müssen durch mehrere Blicke abgetastet werden. Dieses Blickverhalten ist genau untersucht worden. Es gibt kein festes "Abtastschema", aber so etwas wie eine "Wahrnehmungsstrategie": Zuerst wird ein grober Überblick wahrgenommen. Dabei werden die wichtigsten Bildteile erkannt, die dann in der nächsten Phase genauer fixiert werden.

"Die Betrachtung von Werbeanzeigen wird nicht selten schon nach einer oder wenigen Fixationen abgebrochen, wenn erkannt wird, daß es eine uninteressante Anzeige ist. Häufig sind in dieser kurzen Zeit bereits wesentliche Elemente des Bildes zu erkennen. Sie werden nicht isoliert, sondern als ein Gesamtbild bewußt. Genauer: Die einzelnen Informationen werden beim Betrachten des Bildes wie "Schnappschüsse" aufgenommen und - außerhalb des Bewußtseins - zu einem Gesamtbild verschmolzen. Dabei werden auch Elemente ergänzt, die nicht oder nur ungenau wahrgenommen worden sind. Dies kann zu Fehlinterpretationen führen, beispielsweise zu der Verwechslung von Marken." (Aus: Behrens, 1988, S. 116)

Um dies zu verhindern, muß die Wahrnehmung von Werbeanzeigen verbessert und die Aufmerksamkeitsbindung erhöht werden. Die Aufmerksamkeit darf aber nicht einfach durch ein Hintergrundbild der Anzeige gebunden werden. Die Wahrnehmung der Werbebotschaft ist entscheidend. Es kommt häufig vor, daß Personen sich an das Hintergrundbild einer Anzeige erinnern, aber nicht an das Produkt und die Werbeaussage. Die Anzeige muß so gestaltet werden, daß der Blick auch auf das Produkt und die Werbebotschaft gelenkt wird. Dieses Blickverhalten kann apparativ durch Blickaufzeichnungsverfahren kontrolliert werden.

BILDVERARBEITUNG

In der Forschung ist die menschliche Bildverarbeitung häufig mit der menschlichen Textverarbeitung verglichen worden. Es sind Unterschiede und Gemeinsamkeiten herausgearbeitet worden. Heute kann man sagen: Die bildliche und die sprachliche Informationsverarbeitung sind zwei miteinander verknüpfte, aber weitgehend unabhängige und eigenständige Systeme. Die bildliche Informationsverarbeitung kann durch folgende Eigenschaften gekennzeichnet werden (vgl. hierzu Behrens/Hinrichs, 1986, S. 85 ff.):

Reihenfolge: Bei Werbeanzeigen wie auch bei anderen Bild-Text-Kombinationen wird der Bildteil in der Regel zuerst betrachtet. Diese Reihenfolge ist für die Erinnerung wichtig: Anzeigenteile, die zuerst fixiert werden, haben meistens höhere Erinnerungswerte als später fixierte Teile.

Verarbeitungsgeschwindigkeit: Bilder werden nicht nur schneller als Texte erfaßt, sie werden auch wesentlich schneller verarbeitet. Ein flüchtiger Blick kann ausreichen, um eine inhaltliche Vorstellung von dem Bild zu erhalten.

Gedankliche Kontrolle: Bilder werden im Gegensatz zu Texten mit einem geringeren gedanklichen Aufwand verarbeitet. Sie werden direkt erfaßt. Diese unmittelbare Verarbeitung führt u.a. dazu, daß Anzeigen mit Bildinformationen in der Regel weniger Denkvorgänge auslösen. Daraus kann der folgende weitreichende Schluß gezogen werden: Durch die bildliche Kommunikation kann die kritische Kontrolle der Konsumenten leichter unterlaufen werden, d.h. Konsumenten akzeptieren bei bildlicher Kommunikation Produktinformationen, die sie bei verbaler Präsentation eher ablehnen würden.

Gedächtniswirkungen: Bilder werden besser erinnert als Texte. Grundsätzlich gilt: Reale Ereignisse werden besser als Bilder erinnert, Bilder besser als konkrete Wörter und konkrete Wörter besser als abstrakte.

Aktivierung und Aufmerksamkeit: Bei der Bildwahrnehmung wird die Aktivierung mehr oder weniger stark erhöht und die Aufmerksamkeit ausgerichtet. Dadurch wird die Verarbeitung und Speicherung der Informationen gefördert, die im Zentrum der Aufmerksamkeit liegen. Dies gilt insbesondere für emotionale Inhalte, die durch Bilder relativ leicht vermittelt werden können.

Akzeptanzwirkungen: Bilder in Werbeanzeigen, die als angenehm empfunden werden, schaffen ein positives "Wahrnehmungsklima", das auf die Produktbeurteilung ausstrahlt, d.h.: Es wird nicht nur die emotionale Bewertung verbessert, auch die sachlichen Produkteigenschaften werden dadurch besser beurteilt und eher akzeptiert.

Für große Bereiche der Werbekommunikation gilt verstärkt: Informationsüberlastung, nachlassendes Informationsinteresse und Produkte, die sich auf hohem Qualitätsniveau objektiv kaum unterscheiden. Unter diesen Bedingungen hat die Werbung mit Bildern zunehmende Bedeutung. Dies geht aus der oben beschriebenen Kennzeichnung der Bildwahrnehmung hervor.

2.7 Farbwahrnehmung

Physikalisch sind Farben elektromagnetische Wellen unterschiedlicher Länge aus dem Spektrum des sichtbaren Lichts. Außer der Wellenlänge haben Intensität und Zusammensetzung des Wellenspektrums (Reinheit) für das Farbensehen Bedeutung.

Physiologisch entsteht das Farbensehen durch Erregung der Zäpfchen. Das sind Fotorezeptoren, die über die Retina verteilt sind. Es können drei Zapfentypen auseinandergehalten werden, die unterschiedlich auf Lichtfrequenzen und damit auf Farben reagieren. Man kann sagen, daß die Zapfen die nicht vollkommen gesättigten Farbtöne Blau, Grün und Rot empfangen. In nachgelagerten Nervenzellen werden diese wahrgenommenen Farben verknüpft. Dadurch wird gemischtes Licht zu einer Fülle von Farbnuancen kombiniert.

Diese physiologische Farbmischung entspricht annähernd der technischen. In der Farbenlehre werden alle Farben aus drei Grundfarben abgeleitet. Man unterscheidet die additive Farbmischung mit den Grundfarben rot, grün und blau (vgl. Abb. 23) von der subtraktiven Farbmischung mit den Grundfarben purpur, blaugrün und gelb (vgl. Abb. 24).

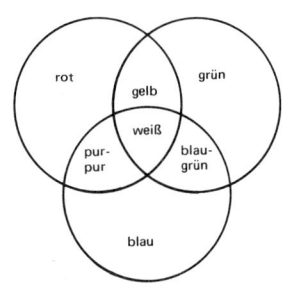

Abb. 23: Additive Farbmischung

Für die Werbepsychologie sind die psychischen Wirkungen der Farben am wichtigsten. Dazu gehören vor allem Anmutungsqualitäten, aber auch Sinnesqualitäten, die sich auf direkt wahrnehmbare Objekteigenschaften beziehen, z.B. auf Temperaturen, Gerüche, Oberflächenbeschaffenheit usw. Eine genaue Trennung zwischen Sinnes- und Anmutungsqualitäten ist allerdings in den meisten Fällen nicht möglich. Der rote Schein des Kaminfeuers ist z.B. ein Indikator für die Raumtemperatur, also mit einer Sinnesqualität verknüpft. Er löst aber auch Assoziationen

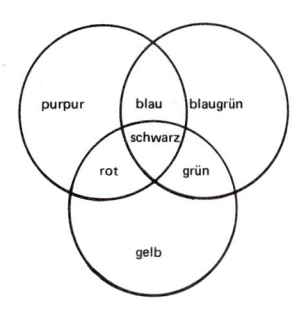

Abb. 24: Subtraktive Farbmischung

mit "Gemütlichkeit" und "Wohlbefinden" aus, ist also auch mit Anmutungsqualitäten verknüpft. Weitere Beispiele sind in Abb. 25 enthalten.

	Auslösung von Anmutungsqualitäten (allgemeine Assoziationen)	Beeinflussung von Objekteigenschaften (sinnesbezügliche Assoziationen)
ROT	aktiv, erregend, herausfordernd, herrisch, fröhlich, mächtig	heiß, laut, voll, stark, süß, fest
ORANGE	herzhaft, leuchtend, lebendig, freudig, heiter	warm, satt, nah, glimmend, trocken, mürbe
GELB	hell, klar, frei, bewegt	sehr leicht, glatt, sauer
GRÜN	beruhigend, erfrischend, knospend, gelassen, friedlich	kühl, saftig, feucht, sauer, giftig, jung, frisch
BLAU	passiv, zurückgezogen, sicher, friedlich	kalt, naß, glatt, fern, leise, voll, stark, tief, groß
VIOLETT	würdevoll, düster, zwielichtig, unglücklich	samtig, narkotischer Duft, faulig-süß, Mollklang

Abb. 25: Allgemeine und sinnesbezügliche Farbassoziationen

Für das Marketing sind diese Zusammenhänge wichtig. Durch die Farbgebung können Emotionen ausgelöst und bestimmte Produkteigenschaften verstärkt werden. Genauer: Durch die Farbgebung der Produkte und Anzeigen werden die mit der Farbe assoziierten Anmutungs- und Sinnesqualitäten mehr oder weniger stark auf das Produkt übertragen. Auf die dadurch eingeleitete emotionale Produktdifferenzierung wird im nächsten Kapitel (Kap. 3) näher eingegangen. Hier soll die Verstärkung der sinnesbezüglichen Produkteigenschaften durch Farben näher erläutert werden.

In Abb. 26 sind Sinneseigenschaften von Farben zusammengestellt worden. Solche Übersichten geben erste Anregungen für die Farbgestaltung. Margarine müßte danach eine hellgelbe Farbe mit geringer Rotbeimischung haben, um als gut streichfähig wahrgenommen zu werden. Einen Kühlschrank muß man innen weißblau streichen, wenn die Kühlwirkung farblich verstärkt werden soll, und bei Fruchtsaftgetränken mit Zitrone muß darauf geachtet werden, daß die abgebildete Zitrone keinen Grünton enthält, denn "gelbgrün" wird mit "bitter" assoziiert und eignet sich möglicherweise als Farbe für Vitamintabletten, aber nicht als Farbe für Fruchtsäfte. Die Eignung für Vitamintabletten ergibt sich aus einer anderen Assoziation: In der Regel wird unterstellt, daß "bitterer Geschmack" ein Indikator für Wirkstoffkonzentration ist. (Vgl. hierzu genauer Behrens, 1982, S. 220 ff.)

	GELB	GRÜN	BLAU	ROT	ROSA
Gewichtsempfinden	"leicht"; je heller das Gelb, umso "leichter" wirkt es	variiert mit der Helligkeit (vgl. Blau)	variiert mit der Helligkeit, hellblau: "sehr leicht" (Luft) dunkelblau: "sehr schwer" (Blei)	variiert mit der Helligkeit	"leicht"
Tastempfinden	"weich", bes. wenn es ins Rötliche geht (Bsp.: Margarine, Teigwaren)	nicht ausgeprägt	hellblau: "weich" dunkelblau: "hart" "rauh"	nicht sehr ausgeprägt, dunkelrot eher "rauh"	"zart", "sehr weich" (Bsp.: Babywäsche)
Geschmack	"süß", wenn es ins Rote und Helle geht, "bitter" mit Grünstich	"bitter", "salzig"	fast neutral	"würzig brennend" "knusprig", wenn es ins Braune geht	"süßlich"
Temperatur	"warm", "heiß" mit rötlicher Färbung. Je weißer, umso "kälter"	Tendenz: "frisch", "grün"	"kühl", "frisch" weißblau: "sehr kalt"	"warm" bis "heiß"	Hauttemperatur

Abb. 26: Nach Sinneseigenschaften geordnete Farbassoziationen

Der Farb-Doppelkegel ist ein Modell, das alle Farben geordnet abbildet (vgl. Abb. 27). Dabei werden die drei Hauptdimensionen der Farbwahrnehmung berücksichtigt:

- Farbton (rot, grün, gelb usw.)

- Sättigung (Eine Farbe ist um so gesättigter, je weniger Beimischungen sie von unbunten Farben enthält. Unbunte Farben sind weiß, grau und schwarz. Im Farbkegel liegen satte Farben am äußersten Rand.)
- Helligkeit (Helligkeit ist Ausdruck für die Intensität der ausgestrahlten Lichtenergie. Mit zunehmender Intensität scheinen die Farben heller, bei abnehmender Intensität dunkler.)

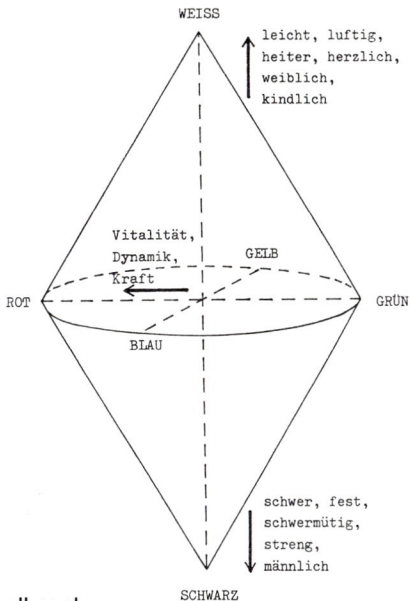

Abb. 27: Farb-Doppelkegel

In Abb. 27 ist zu erkennen, daß auch psychische Farbwirkungen im Farb-Doppelkegel systematisiert werden. Dazu nähere Angaben. Wir können drei Wirkungsdimensionen unterscheiden:

- Emotionale Beeinflussung (Anmutungsqualitäten)
- Bewertungsbeeinflussung (Sinnesqualitäten)
- Symbolkraft

Die näheren Ausführungen sind entsprechend dem Aufbau des Farbkegels gegliedert.

Vertikale Dimension

Emotionale Beeinflussung:

Richtung weiß: heiter, herzlich
Richtung schwarz: schwermütig, streng

Bewertungsbeeinflussung:

Richtung weiß: leicht, luftig
Richtung schwarz: schwer, fest

Symbolkraft:

Richtung weiß: weiblich, jugendlich
Richtung schwarz: männlich

Horizontale Dimensionen (müssen zweidimensional als Fläche betrachtet werden)

Hier müßte nach den einzelnen Farben vorgegangen werden. Sie könnten nach den Wirkungsdimensionen näher gekennzeichnet werden. Es gibt entsprechende Tabellen, auf die hier nicht eingegangen werden soll.

Es können aber auch größere Bereiche gekennzeichnet werden.

- Halbkreisunterscheidungen:
  oberer Halbkreis (rot bis gelb):
  Emotionale Beeinflussung: lebhaft, froh, herzlich, unruhig
  Bewertungsbeeinflussung: leicht, weich, warm
  unterer Halbkreis (blau bis grün):
  Emotionale Beeinflussung: ruhig, natürlich
  Bewertungsbeeinflussung: kühl, frisch, schwer, fest
- Zunahme der Sättigung (Richtung Kreisrand):
  oberer Halbkreis (rot bis gelb): Verstärkung von Vitalität und Dynamik
  unterer Halbkreis (blau bis grün): Verstärkung von Kraft

2.8 Musikwahrnehmung

Das Hören basiert auf einem einfachen Mechanismus: Schalldruckschwingungen werden in Nervenerregungen übersetzt. Das Ergebnis ist alles andere als einfach. Über das Ohr werden Töne, Geräusche, Klänge, Sprache und Musik wahrgenommen und fein differenziert. Ergänzend erhalten wir Informationen über Entfernung, Richtung und Bewegung der Schallquelle sowie Hinweise auf die Beschaffenheit der Umgebung.

Die Empfindlichkeit des Gehörs ist eindrucksvoll. Das Summen einer Mücke wird durch sehr schwache Schalldruckwellen übertragen, die äußerst wenig Energie enthalten. Dies reicht aber zum Hören. Einige werden dadurch sogar aus dem Schlaf geweckt.

Die komplexen psychischen Wirkungen des Hörens sollen hier am Beispiel der Musik näher erläutert werden. Es wird auf Aspekte eingegangen, die für die Werbepsychologie von Bedeutung sind.

Spekulationen, Legenden und ernsthafte Untersuchungen über Wirkungen der Musik reichen bis in biblische Zeiten zurück. Die Ergebnisse decken Eigenschaften der Musik auf, die zunächst gegensätzlich erscheinen. Einerseits beeindrucken die arithmetischen Regelmäßigkeiten, die bereits im klassischen Altertum zu quantitativen Musiktheorien geführt haben, andererseits ist eine Komplexität offensichtlich, die nicht quantifizierbar ist. Musik kann außerdem atomistisch betrachtet werden, d.h. sie kann gut aus Elementen (Noten) rekonstruiert werden. Am Beispiel der Musik wird aber auch häufig die ganzheitliche Betrachtungsweise veranschaulicht. Melodien sind ein typisches Beispiel für eine Gestalt, weil sie mehr sind als die Summe ihrer Teile.

Dieses Auftreten von gegensätzlichen Eigenschaften steht im Einklang mit neurophysiologischen Studien. Hirnelektrische Untersuchungen haben ergeben, daß Musik sowohl die rechte Hirnhemisphäre aktiviert, in der vorwiegend ganzheitliche und gefühlsmäßige Inhalte verarbeitet werden, als auch die linke, in der Informationen sequentiell nach logisch-analytischen Regeln verarbeitet werden. Diese Untersuchungsergebnisse bestätigen, daß Musik Eigenschaften umfaßt, die als gegensätzlich angesehen werden. Sie weisen aber auch auf eine Auflösung der Gegensätze hin. Dies soll etwas näher erläutert werden.

Musik ist phylogenetisch jünger als die Sprache, d.h. die Musikentwicklung begann, als die Hemisphären des Großhirns schon weitgehend entwickelt waren. Dies hat dazu geführt, daß die Musikrezeption im Laufe ihrer phylogenetischen Entwicklung in ein vorhandenes Leistungspotential des Großhirns integriert wurde. Das Ergebnis: Rhythmus und andere sequentielle Aspekte der Musik werden in der linken Hemisphäre verarbeitet, Melodien und andere zeitunabhängige Ganzheiten in der rechten.

Musik hat daher sowohl analytische als auch holistische Eigenschaftskomponenten. Sie wirkt bewußt und unbewußt, im Vordergrund und als Hintergrund; sie kann analytische Funktionen übernehmen, z.B. Ordnungsfunktionen und den Transport bestimmter Informationen, wird aber auch als Gestalt erlebt; sie kann beruhigen und anregen, glücklich, aber auch traurig stimmen.

Dieses breite Wirkungsspektrum soll durch einige Zusammenhänge verdeutlicht werden. In Abb. 28 sind Musikparameter zu emotionalen Informationen in Beziehung gesetzt worden. Für Musik in der Werbung ist wichtig, daß durch Veränderungen der Musikparameter der emotionale Gehalt eines Stückes systematisch gestaltet werden kann. Allerdings muß dabei die ganzheitliche Wirkung der Musik beachtet werden.

emotionale Informationen	MUSIKPARAMETER		
	TONGESCHLECHT	MELODIE	TEMPO
würdevoll feierlich	dur	aufsteigend	langsam
traurig schwer	moll	XXX	langsam
träumerisch sentimental	moll	XXX	langsam
heiter freundlich	dur	aufsteigend	langsam
graziös funkelnd	dur	absteigend	schnell
glücklich hell	dur	XXX	schnell
aufregend erregt	XXX	absteigend	schnell
kraftvoll majestätisch	XXX	absteigend	schnell

Abb. 28: Zusammenhang zwischen Musikparametern und emotionalen Informationen (nach: Farnsworth, 1976, S.76)

Auf höherer Aggregationsebene können Zusammenhänge zwischen Musikinstrumenten und Erlebniswelten nachgewiesen werden (Vgl. Abb. 29). Entsprechende Zusammenhänge gibt es für Musikstücke und -gattungen.

MUSIKINSTRUMENT	ERLEBNISWELT
Mundharmonika	Wasser, Matrose, Schiff ...
Akkordeon	Boheme, Paris, Kneipe ...
Trommelwirbel	Varieté, Sensation, Militär ...
Banjo	Westernsaloon
Hörner	Postkutsche, Jagd, Wald ...
Kastagnetten	Spanien
Dudelsack	Schottland

Abb. 29: Zusammenhang zwischen Musikinstrumenten und Erlebniswelten

LITERATURHINWEISE
zum Kapitel "Wahrnehmung von Werbebotschaften"

Zu den Grundlagen der Wahrnehmung:

- Überblicke zur Wahrnehmung und zum Sehen findet man in den meisten Lehrbüchern der Psychologie, z.B. in den Büchern von Brown/Herrnstein (1984), Lindsay/Norman (1981) und Rohracher (1987). In einigen Büchern werden bestimmte Aspekte hervorgehoben. Wittling (1976) berücksichtigt neurophysiologische Forschungsergebnisse, Gibson (1982) Kontexteinflüsse. Behrens (1982) arbeitet die Beziehungen zum Konsumentenverhalten heraus, Stadler/Seeger/Raeithel (1977) beziehen Erkenntnistheorie und gesellschaftliche Tätigkeiten ein.

- Anpassung der Sinnesorgane an die Lebensbedingungen: Holzkamp (1973), insbesondere Kap. 4, und Leontjew (1973).

- Psychophysik: Hajos (1972) und Stevens (1951) bieten einen Gesamtüberblick über die psychophysischen Aspekte der Wahrnehmung. Sarris (1971) schreibt über Weiterentwicklungen der Fechnerschen Maßformel und deren theoretische Fundierung. Zu den methodischen Problemen vgl. Sixtl (1982).

Zur Wahrnehmung einfacher Zeichen:

- Einen Überblick über die Gesetze der Gestaltbildung findet man bei Metzger (1966 und 1975).

- Die Wiedererkennungstheorien sind bei Neisser (1974) gut beschrieben. Auch das Wahrnehmen von Wörtern und Sätzen wird hier ausführlich behandelt. Vgl. hierzu auch Behrens (1982).

- Über die Formwahrnehmung gibt es viel Speziallteratur. Eine gute Einführung findet man bei Lindsay/Norman (1981) und Wittling (1976).

Zur Textwahrnehmung:

Zur Textverständlichkeit hat Groeben (1982) einen umfassenden Überblick veröffentlicht. Bei Teigeler (1968) findet man eine gute Zusammenfassung mit Beispielen. Langer/Schulz von Thun/Tausch (1974) stellen einen komplexen Ansatz zur Gestaltung verständlicher Texte vor.

Zur Personenwahrnehmung:

Vgl. hierzu vor die Übersichten von Argyle (1979) und Knapp (1972). Methodische Probleme und neue wissenschaftliche Erkenntnisse behandeln Weinberg (1986), Bekmeier (1989) und Klammer (1989).

Zur Bildwahrnehmung:

Vgl. hierzu die Übersichten von Behrens/Hinrichs (1986) und Kroeber-Riel (1983).

Andere wichtige Aspekte der Bildwahrnehmung werden in den Sammelbänden von Issing/Hannemann (1983) und Schuster/Woschek (1989) behandelt.

Zur Farbwahrnehmung:

Mit der Theorie der Farbwahrnehmung setzen sich Hurvich/Jameson (1966) und Wittling (1976) auseinander. Über die psychologischen Wirkungen der Farben gibt es zahlreiche Darstellungen, in denen aber Spekulationen und abgesicherte Fakten häufig nicht zu trennen sind. Vgl. beispielsweise Frieling (1988) und Heller (1989).

Zur Musikwahrnehmung:

Einen guten Überblick über Musikpsychologie vermittelt das von Bruhn/Oerter/Rösing (1985) herausgegebene Buch. Zur Musikwahrnehmung findet man in den Büchern von Farnsworth (1976) und Wüsthoff (1978) Hinweise.

KONTROLLFRAGEN
zum Kapitel "Wahrnehmung von Werbebotschaften"

5   Eine Trennung zwischen eingehenden Reizen und Ergänzungen durch Gedächtnisinhalte ist häufig nicht möglich. Nennen Sie Beispiele.

6   Wahrnehmung ist kontextabhängig, aktiv und selektiv. Erläutern Sie diese Eigenschaften durch Beispiele.

7   Begründen Sie die folgende Annahme:
Sensorische Systeme passen sich im Verlauf der stammesgeschichtlichen (phylogenetischen) Entwicklung den Umweltbedingungen an.

8   Von den empfangenen Umweltreizen können nur wenige kognitiv verarbeitet und gelernt werden. Die Reizselektion kann durch einige Grundsätze beschrieben werden. Skizzieren Sie die wichtigsten Selektionsgrundsätze.

9   Zur psychologischen Interpretation der Anzeigengröße:
(a) Wie lautet das "Quadratwurzelgesetz der Aufmerksamkeit"?
(b) Stellen Sie den Bezug dieses "Gesetzes" zu den psychophysischen Gesetzen her.
(c) Nehmen Sie kritisch zur psychologischen Interpretation des "Quadratwurzelgesetzes der Aufmerksamkeit" Stellung.

10 Erläutern Sie die psychischen Wirkungen von Preisen, die etwas unterhalb von runden Preisen liegen.

11 Bei der bewertenden Anzeigenbeschreibung verwendet man häufig den Begriff "Prägnanz".
(a) Was bedeutet Prägnanz im psychologischen Sinne?
(b) Warum achtet man beim Entwurf von Werbemitteln auf Prägnanz?

12 Zur Theorie des Wiedererkennens:
(a) Nennen Sie die wesentlichen Unterschiede zwischen der Schablonentheorie und der Attributtheorie.
(b) Was folgt aus diesen Theorien für die Gestaltung von Werbeanzeigen?

13 Es werden nicht alle Details von Wörtern und Sätzen wahrgenommen, sondern nur Identifikationsmerkmale, die kognitiv ergänzt werden.
(a) Nennen Sie einige Folgerungen, die sich aus diesem Wahrnehmungsverhalten ergeben.
(b) Beim flüchtigen Lesen von Werbeanzeigen kommen häufig Mißverständnisse und Fehlinterpretationen vor. Erklären Sie einige Fehler mit Hilfe der Attributtheorie.

14 Nehmen Sie kritisch zu Verständlichkeitsformeln Stellung.

15 Zeigen Sie am Beispiel des Slogans "Fleisch ist ein Stück Lebenskraft", wie die Verständlichkeit durch Textgestaltung verbessert werden kann.

16 Zur Personenwahrnehmung:
   (a) Skizzieren Sie die attributtheoretischen Grundannahmen der Personenwahrnehmung.
   (b) Was folgt daraus für die Gestaltung von Werbeanzeigen?

17 Bilder erfüllen verschiedene Funktionen. In der Werbung sollen Bilder u.a. die Aufmerksamkeit erhöhen. Gute Aufmerksamkeitswerte sagen aber noch nicht viel über die Werbewirkung aus. Erläutern Sie dies.

18 Bei Informationsüberlastung und nachlassendem Informationsinteresse sollte man verstärkt mit Bildern in der Werbung arbeiten. Erläutern Sie dies.

19 Man kann lesen: "Farben erhöhen die Aufmerksamkeitswirkung". Dies ist aber keineswegs die einzige und auch nicht die wichtigste Funktion der Farben.
   a) Erhöhen Farben tatsächlich die Aufmerksamkeitswirkung?
   b) Erläutern Sie an Beispielen die Funktionen der Farben für die Werbung.

20 Nennen Sie Beispiele, wo ein falscher roter Farbton negative Auswirkungen auf die Werbewirkung hat.

21 Musik kann systematisch verändert und so an bestimmte Erlebnisinhalte angepaßt werden. Erläutern Sie dies an einem Beispiel.

3 AKTIVIERUNG, EMOTIONALISIERUNG UND MOTIVATION DURCH WERBEBOTSCHAFTEN

3.1 Grundbegriffe

In diesem Kapitel geht es um Grundlagen und Auswirkungen der verhaltensstimulierenden Energie. Sie initiiert menschliches Handeln und richtet es aus. Dazu gehören beispielsweise Aufmerksamkeitsbindung, Interessenweckung und Kaufanregung. Werbung soll diese Antriebskräfte auslösen und in eine bestimmte Richtung lenken. Dies ist leichter gesagt als getan. Schon bei der näheren Bestimmung der Antriebskräfte stößt man auf Grenzen.

Wir haben es hier nicht mit einer bestimmten Kraft oder Energie zu tun, sondern mit einem System, das evolutionär gewachsen ist. Die genauere Betrachtung zeigt, daß wir mindestens drei Teilsysteme unterscheiden müssen: Aktivierung, Emotionen und Motivation. Diese Teilsysteme kennzeichnen unterschiedliche phylogenetische Entwicklungsstufen, die einerseits spezifische Funktionen erfüllen, andererseits aber eng miteinander verknüpft sind: Die Aktivierung ist Voraussetzung für die Entwicklung des emotionalen Systems, und das emotionale System ist Voraussetzung für die Entwicklung des motivationalen und kognitiven Systems (vgl. hierzu die Ausführungen in: Behrens, 1988, S. 36 ff.). Dieser Zusammenhang drückt sich auch in den Definitionen der Grundbegriffe aus (vgl. Abb. 30)

```
AKTIVIERUNG   +   BEWERTENDE INTERPRETATION
(aktivierende
Komponente)
      ↓
EMOTIONEN    +   HANDLUNGSORIENTIERUNG
(aktivierende und
bewertende Kompo-
nente)
      ↓
MOTIVATION
(aktivierende und
orientierende Kom-
ponente
```

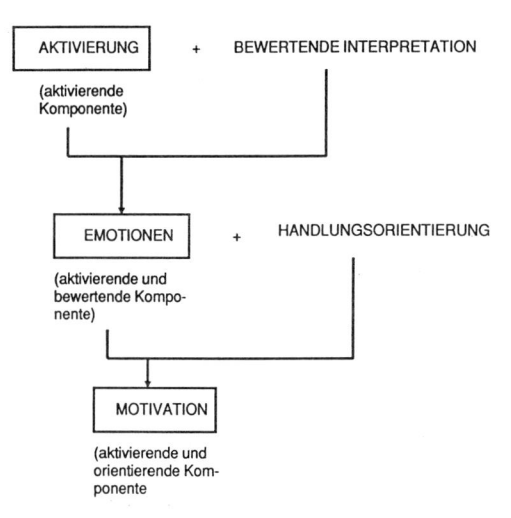

Abb. 30: Begrifflicher Zusammenhang zwischen Aktivierung, Emotionen und Motivation

Hierzu einige Erläuterungen.

AKTIVIERUNG:

"Aktiv" bedeutet soviel wie "tätig", "wirksam". Aktivierung bedeutet dann soviel wie "Energetisierung", d.h. Voraussetzungen für das Tätigwerden schaffen. In diesem Sinne kann menschliche Aktivierung in erster Annäherung mit "organismischer Energie" gleichgesetzt werden. Sie wird im äußeren Verhalten erkennbar, z.B. im hektischen Arbeiten, aber auch in organismischen Aktivitäten (Schweißausbruch, erhöhter Puls) und psychischen Leistungen (Erinnern, Wahrnehmungsdifferenzierung, Denkleistungen).

In der Fachliteratur wird der Zusammenhang zwischen Aktivierung und Leistung häufig auf eine einfache funktionale Beziehung reduziert (vgl. Abb. 31). Diese Funktion ist anschaulich und einprägsam. Sie wird häufig als eine empirisch fundierte Gesetzmäßigkeit dargestellt. Das ist aber nicht richtig. Die Zusammenhänge sind nicht so einfach. Dazu ein Beispiel (vgl. Behrens, 1988, S. 45 f.).

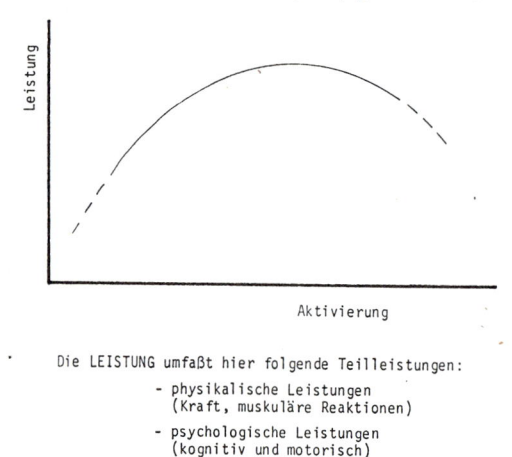

Die LEISTUNG umfaßt hier folgende Teilleistungen:
- physikalische Leistungen
  (Kraft, muskuläre Reaktionen)
- psychologische Leistungen
  (kognitiv und motorisch)

Abb. 31: Aktivierungshypothese

Werbeanzeigen, vor allem emotionale und neuartige Anzeigen, können das Aktivierungsniveau schnell erhöhen. Dadurch wird bis zu einem Optimum die Leistungsfähigkeit gesteigert, d.h. die stärker aktivierende Anzeige wird besser verstanden, gelernt usw. Dieser Zusammenhang konnte durch zahlreiche Experimente empirisch nachgewiesen werden. Man erhält eine Regel, die rezeptartig formuliert werden kann: Werbung muß so gestaltet werden, daß sie aktiviert, also anregt und interessiert.

Daraus darf aber nicht gefolgert werden, daß die stärker aktivierende Werbeanzeige stets die werbewirksamere ist. Da die Aktivierung relativ leicht zu messen ist, könnte man dann leicht die guten von den weniger guten Werbeanzeigen unterscheiden. Es ist aber zu beachten, daß die Aktivierung von Emotionen begleitet wird, die sowohl positive als auch negative Qualitäten annehmen können. Eine hoch aktivierende Werbung, die abstoßend ist, wird keine positiven Werbewirkungen hinterlassen. Außerdem ist wenig gewonnen, wenn das Hintergrundmotiv einer Werbeanzeige hoch aktiviert, aber nicht zur Produktaussage führt.

Daraus folgt, daß aktivierende Elemente und Produktaussagen integriert werden müssen. Dies gelingt besonders gut bei der erlebnisorientierten Werbung. Nach diesem Konzept werden Produkte nicht einfach sachlich dargestellt, sondern in einem Erlebnisumfeld gezeigt. Der Kühlschrank wird nicht einfach "schön" fotografiert, sondern beispielsweise in den Mittelpunkt einer spontanen Feier gestellt. Dies ermöglicht eine interessante Darstellung (Aktivierung). Gleichzeitig (Integration der Werbebotschaft) können Eigenschaften des Kühlschrankes vermittelt werden: Raumaufteilung, Spezialfach für Getränke, Design.

EMOTIONEN:

Was Emotionen sind, weiß jeder. Es ist aber äußerst schwierig, Emotionen präzise zu bestimmen. Dabei müssen drei Ebenen berücksichtigt werden:

- offenes Verhalten (Lächeln, vor Freude "in die Luft springen")

- physiologische Reaktionen (Pulsschlag, Erweiterung der Pupillen)

- subjektives Empfinden (freuen, trauern)

Der Versuch, Emotionen auf eine einfache Emotionstheorie zurückzuführen, ist gescheitert. Emotionen entstehen durch ein kompliziertes Wechselspiel zwischen physiologischen und kognitiven Prozessen. Darauf wird nicht näher eingegangen. Hier sollen einige Wirkungen skizziert werden.

Produkte werden gern in einem emotionalen Umfeld gezeigt. In Werbeanzeigen werden Bilder mit emotionaler Ausstrahlung verwendet; in Verkaufsräumen stimulieren Musik, Dekorationen, Duft u.a.m. Dies wird gemacht, weil Emotionen das Verhalten und die Produktprofilierung beeinflussen.

Zunächst zum Verhalten: Die Stimmung wirkt bei der Wahrnehmung als selektiver Filter für stimmungskongruente Inhalte. In fröhlicher Stimmung erinnern sich Personen bevorzugt an angenehme Erlebnisse. Obendrein werden in diesem Zustand vor allem nützliche Eigenschaften wahrgenommen. Personen in niedergeschlagener Stimmung nehmen dagegen eher negative Aspekte wahr.

Außerdem richtet die Stimmung das Denken und Handeln stimmungskongruent aus. In fröhlicher Stimmung denken und urteilen Personen eher positiv; sie sind entscheidungsfreudiger und haben eine größere Handlungsbereitschaft. Konkret: In Experimenten konnte gezeigt werden, daß Personen in guter Stimmung Produkte positiver beurteilen. (Vgl. hierzu Behrens, 1988, S. 63 ff.)

Das emotionale Umfeld beeinflußt nicht nur das Verhalten, sondern auch die Produktwahrnehmung und -erinnerung. Produkte werden dadurch profiliert. Tendenziell gilt: Wenn in der Werbung wiederholt ein Produktname oder ein Produkt zusammen mit emotional geladenen Reizen (z.b. Bildern mit emotionaler Bedeutung) dargeboten wird, dann übernimmt das Produkt die emotionale Bedeutung. Allerdings ist schnell zu erkennen, daß dieser Transfer nicht zwangsläufig erfolgt. Es wird zwar dauernd versucht, Produkte so zu profilieren, das gewünschte Ziel wird aber häufig nicht erreicht.

Die Erklärung dieser Emotionalisierung ist schwierig. Unter bestimmten Rahmenbedingungen kann die klassische Konditionierung zur Erklärung herangezogen werden (vgl. Kroeber-Riel, 1984, S. 119 ff.). In den meisten Fällen ist das Lernen emotionaler Bedeutungen beim Wahrnehmen von Werbeanzeigen aber angemessener durch assoziative Verknüpfungen zu erklären (vgl. Behrens, 1984). Aber auch diese Erklärung ist nur ein erster Ansatz. Wahrscheinlich haben wir es hier mit weitgehend unbekannten Zusammenhängen zu tun.

MOTIVATION:

Die Motivationsforschung hat eine lange Tradition. Es sind zahlreiche Motivationstheorien entwickelt worden. Im Marketing wird versucht, damit das Kaufverhalten zu erklären. In der Werbeforschung sollen damit Werbewirkungen aufgedeckt werden. Diese Versuche sind weitgehend gescheitert. Warum?

Das Interesse der Psychologie ist vor allem auf grundlegende Motive wie Hunger und Durst gerichtet. Für das Marketing haben diese Motive und die darauf ausgerichteten Motivationstheorien aber so gut wie keine Bedeutung. Der Motivbegriff muß umfassender gesehen werden. Die grundlegenden Motive werden durch kognitive Faktoren differenziert. Der begriffliche Zusammenhang ist in Abb. 32 dargestellt worden.

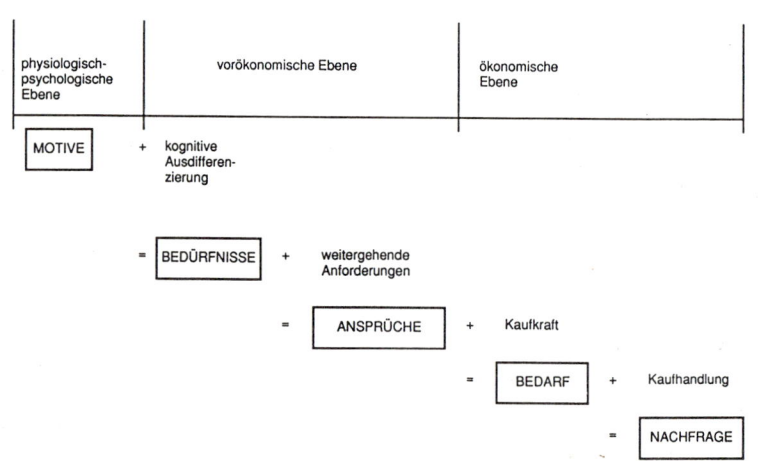

physiologisch-psychologische Ebene	vorökonomische Ebene	ökonomische Ebene
MOTIVE	+ kognitive Ausdifferenzierung	
	= BEDÜRFNISSE + weitergehende Anforderungen	
	= ANSPRÜCHE	+ Kaufkraft
		= BEDARF + Kaufhandlung
		= NACHFRAGE

Abb. 32: Begrifflicher Zusammenhang zwischen Nachfrage und auslösenden Motiven

Genauer: Motive sind im Laufe der stammesgeschichtlichen Entwicklung differenziert worden. Die Differenzierung wird vor allem durch kognitive Faktoren bewirkt. Das Kaufverhalten hängt nicht in erster Linie von grundlegenden Motiven ab, sondern wird vor allem durch kognitiv ausdifferenzierte Motive bestimmt. Sie werden "Bedürfnisse" und "Ansprüche" genannt. Konkret: Bei der Nahrungsmittelwerbung geht es nicht um das Sattwerden (grundlegendes Hungermotiv). Im Vordergrund stehen Zusatznutzen wie Kaloriengehalt und Zubereitungsmöglichkeiten, die sich auf vorhandene Bedürfnisse und Ansprüche beziehen.

Dieser Zusammenhang ist für die Wirksamkeit der Werbung wichtig. Grundlegende Motive wie Hunger und Durst können durch die Werbung nicht beeinflußt werden, wohl aber die das Kaufverhalten bestimmenden Bedürfnisse und Ansprüche.

3.2 Die emotive Informationsverarbeitung

Faßt man den Menschen als ein System der Informationsverarbeitung auf, müssen bei näheren Untersuchungen drei Teilsysteme unterschieden werden: das emotive, kognitive und motorische System der Informationsverarbeitung. Das emotive System der Informationsverarbeitung ist grundlegend. Es ermöglicht eine durchaus anpassungsfähige Umweltorientierung ohne rationales Bewußtsein (Denkprozesse). Eine erste Vorstellung von diesem System bekommt man bei der Beobachtung von Kleinkindern, deren Umweltorientierung zwangsläufig durch dieses System gelenkt wird, weil das Bewußtsein und damit auch das System der kognitiven Informationsverarbeitung noch nicht ausgebildet ist.

Anschaulich ausgedrückt kann man sagen: Kinder belegen Umweltobjekte durch "automatische" Lernprozesse mit positiven und negativen Valenzen, z.B. die Mutter mit positiven Valenzen. Wenn Objekte mit positiven Valenzen wahrgenommen werden, wird eine Hinwendung ausgelöst, beispielsweise eine Kontaktaufnahme oder bei Spielzeugen und eßbaren Objekten eine Inbesitznahme. Entsprechend lösen negative Valenzen spontan Abwehrreaktionen aus. Da die Valenzen durch Erfahrungen gelernt und verändert werden, ermöglicht dieses einfache emotionale Orientierungssystem eine flexible Anpassung an die Umwelt.

Im Laufe der Entwicklung der Kinder wird das emotive durch das kognitive Informationssystem überlagert, aber keineswegs ausgeschaltet. In einer ersten groben Charakterisierung kann man die Arbeitsteilung zwischen diesen beiden Informationssystemen folgendermaßen beschreiben: Die kognitive Informationsverarbeitung ist vor allem für die geistige Bewältigung von neuen, problematischen Situationen zuständig, die subjektive Bedeutung haben. Dazu zählt ein großer Teil der ökonomischen Aktivitäten im institutionellen und privaten Bereich. Die emotive Informationsverarbeitung setzt vor allem bei nicht so wichtigen Entscheidungen ein, aber auch in unübersichtlichen Situationen, bei Unsicherheiten und unter zeitlichem oder psychischem Druck. (Aus: Behrens, 1988, S. 36 ff.)

Auf vielen Märkten haben wir es mit technisch gleichwertigen und gleichartigen

Produkten zu tun. Die Konsumenten sind häufig nicht in der Lage, Produkte nach objektiven Qualitätsmerkmalen zu unterscheiden. Hinzu kommt eine Vielfalt an Produktinformationen durch Werbung, Testberichte, redaktionelle Beiträge und persönliche Kommunikation, die eher verwirren als aufklären. Dadurch entsteht eine unübersichtliche Situation, die zu Entscheidungsunsicherheit führt.

Dies sind Rahmenbedingungen für die emotive Informationsverarbeitung. Der Mangel an kognitiv-rationalem Differenzierungsvermögen wird durch die emotionale Differenzierung ausgeglichen. Der Konsument kann die Produkte nicht nach objektiven Qualitätsmerkmalen unterscheiden, nimmt aber Imageunterschiede (unterschiedliche emotionale Werte) wahr. Sie sind häufig ausschlaggebend für Kaufentscheidungen.

Daher wird in der Werbung viel mit emotionalen Stimuli gearbeitet. Sie können das Produkt in der Wahrnehmung der Konsumenten von Konkurrenzprodukten abheben. Dieser Zusammenhang ist schon erläutert worden. Oben wurde darauf hingewiesen, daß Produkte unter günstigen Bedingungen die emotionale Bedeutung ihres Umfeldes übernehmen und dadurch ein spezifisches Imageprofil bekommen. Einige Kommunikationsformen erleichtern die Emotionalisierung. Dies ist in anderen Kapiteln beschrieben worden.

- Emotionen können leicht durch Bilder ausgelöst werden (vgl. Kap. 2.6: Bildwahrnehmung).
- Farben beeinflussen emotionale Bewertungen (vgl. Kap. 2.7: Farbwahrnehmung).
- Der enge Zusammenhang zwischen Musik und Farben ist geläufig (vgl. Kap. 2.8: Musikwahrnehmung).

LITERATURHINWEISE
zum Kapitel "Aktivierung, Emotionalisierung und Motivation durch Werbebotschaften"

"Motivation" und "Emotionen" sind traditionelle Themen der Psychologie, zu denen zahlreiche Übersichten und Untersuchungen veröffentlicht wurden. Hier können nur wenige Hinweise für diejenigen gegeben werden, die sich mit diesen Themen gründlicher auseinandersetzen möchten.

Umfassende Übersichten: Heckhausen (1980) zur Motivationspsychologie und Izard (1981) zur Emotionspsychologie.

Kompakte Übersichten: Schmidt-Atzert (1981) und Ulich (1982) zu Emotionen; Schneider/Schmalt (1981) zur Motivation; Cofer (1975) zu Motivationen und Emotionen.

Übertragungen auf das Konsumentenverhalten und die Werbung findet man bei Behrens (1988) und Kroeber-Riel (1984).

KONTROLLFRAGEN
zum Kapitel "Aktivierung, Emotionalisierung und Motivation durch Werbebotschaften"

22 Die stärker aktivierende Anzeige ist nicht unbedingt auch die werbewirksamere Anzeige. Erläutern Sie dies an einem Beispiel.

23 Erläutern Sie das Konzept der erlebnisorientierten Werbung an einem Beispiel.

24 In fröhlicher Stimmung denken und urteilen Personen eher positiv; sie sind entscheidungsfreudiger und haben eine größere Handlungsbereitschaft. Dies wird in der Praxis instrumentalisiert. Nennen Sie ein Beispiel.

25 Was ist psychologische (emotionale) Produktdifferenzierung?

4 LERNEN VON WERBEBOTSCHAFTEN

4.1 Grundbegriffe

4.1.1 Lernbegriff

Durch Lernen wird zweckmäßiges Verhalten gefördert. Letztlich geht es dabei um die Speicherung von Informationen über erfolgreiche Verhaltensweisen. Einige Beispiele: Der Organismus muß geeignet auf Umwelteinflüsse reagieren, beispielsweise muß er lernen, besser mit Kälte und Hitze fertig zu werden; Individuen müssen lernen, in einer Gesellschaft mit komplexen Beziehungen zu leben; gefährliche Situationen müssen frühzeitig erkannt werden, damit sie besser vermieden werden können. Um dies zu erreichen, müssen Rahmenbedingungen und Ausführungen erfolgreicher Verhaltensweisen gelernt werden.

Die Beispiele zeigen, daß sich Lernen auf unterschiedliche Verhaltensweisen bezieht. Der Lernbegriff muß daher umfassend sein. "Lernen" ist der Sammelname für Vorgänge, Prozesse oder nicht unmittelbar zu beobachtende Veränderungen im Organismus, die durch Erfahrungen, Lesen, Wiederholungen u.a.m. entstehen und zu relativ überdauernden Änderungen der Verhaltensmöglichkeiten und Kenntnisse führen.

Aus methodischen Gründen wird zwischen dem motorischen (häufig mit Verhaltensänderung gleichgesetzt) und dem kognitiven Lernen (Erwerb von Informationen) unterschieden. Beide Lernformen beeinflussen sich aber wechselseitig: Kognitive Änderungen führen zu Verhaltensänderungen und Verhaltensweisen beeinflussen kognitive Strukturen.

Der Lernbegriff umfaßt eine Vielzahl von Veränderungen. Nur auf einem sehr abstrakten Niveau kann von "dem Lernen" schlechthin gesprochen werden. In stärker anwendungsorientierten Untersuchungen müssen daher verschiedene Lernarten unterschieden werden. Eine Übersicht bietet das von Clauss (1976, Stichwort: Lernen) in Anlehnung an Klix und Gagne entworfene Schema (vgl. Abb. 33).

Man erkennt in diesem Schema ein Ordnungsprinzip: Die Richtung von der inneren (klassische Konditionierung) zur äußeren (Problemlösen) Lernart führt vom einfachen, eher mechanischen zum komplexen Lernen. Diese Ordnung ist kein Zufall, sondern das Ergebnis einer evolutionären Entwicklung. Die einfachen Lernmechanismen sind auf unteren Entwicklungsstufen entstanden und vorwiegend auf Veränderungen des beobachtbaren Verhaltens gerichtet. Außen findet man in Abb. 33 die komplexen Lernmechanismen, die eine hohe Entwicklungsstufe voraussetzen und sich nicht unmittelbar in Veränderungen des beobachtbaren Verhaltens äußern.

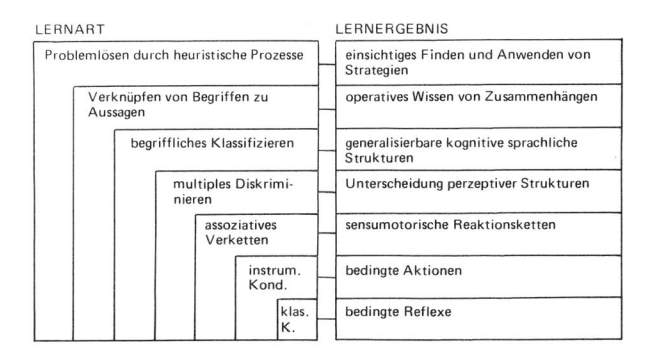

LERNART							LERNERGEBNIS
Problemlösen durch heuristische Prozesse							einsichtiges Finden und Anwenden von Strategien
	Verknüpfen von Begriffen zu Aussagen						operatives Wissen von Zusammenhängen
		begriffliches Klassifizieren					generalisierbare kognitive sprachliche Strukturen
			multiples Diskriminieren				Unterscheidung perzeptiver Strukturen
				assoziatives Verketten			sensumotorische Reaktionsketten
					instrum. Kond.		bedingte Aktionen
						klas. K.	bedingte Reflexe

Abb. 33: Verschiedene Lernarten (aus: Clauss, 1976, Stichwort: Lernen)

Die folgenden Ausführungen über das Lernen sind nach dieser Zweiteilung (einfache und komplexe Lernmechanismen) gegliedert worden.

4.1.2 Vergessen

In der Psychologie unterscheidet man verschiedene Formen des Lernens, z.b. Wahrnehmungslernen, Wiedererkennungslernen und Eigenschaftslernen. Entsprechendes gilt für das Vergessen. Es gibt Vergessensprozesse für Bilder, Texte, Zahlen, für das Wiedererkennen, die sinngemäße Reproduktion u.a.m.

Daraus folgt: Man erhält bei unterschiedlichen Meßmethoden häufig verschiedene Vergessensfunktionen, da die unterschiedlichen Meßmethoden in der Regel verschiedene Vergessensprozesse erfassen (vgl. Abb. 34 a und b). Dies wird bei der Interpretation von experimentell ermittelten Lern- und Vergessensfunktionen häufig übersehen, z.B. bei der Ermittlung von Werbewirkungen durch die Recall- (Reproduktionsprozeß) bzw. Recognitionmethode (Wiedererkennungsprozeß).

Die Abbildungen 34 a und b scheinen für eine Vergessenstheorie des autonomen Verfalls (Vergessen als eine Funktion der Zeit, also passiver Vorgang) zu sprechen. Tatsächlich ist das Vergessen eher ein aktiver Vorgang. Insbesondere folgende Faktoren sind von Bedeutung.

Interferenzen:

Von Interferenzen spricht man bei Störungen der Informationsaufnahme und -verarbeitung durch ähnliche Stimuli (ähnliches Lernmaterial). Man unterscheidet hierbei:

- inhaltliche Ähnlichkeit (z. B. gleiche Leitthemen bei verschiedenen Werbeaktionen),

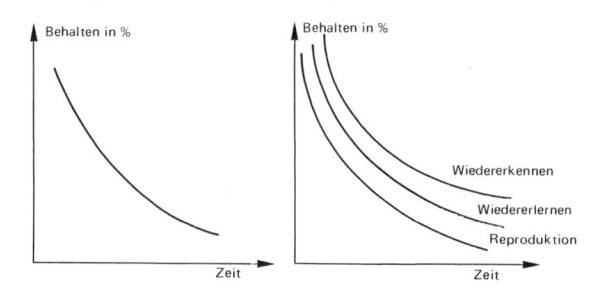

Abb. 34: Vergessenskurven
a) Normaltyp
b) in Abhängigkeit von der Meßmethode

- physikalische Ähnlichkeit (z. B ähnliche Produktgestaltung).

Weiter wird unterschieden:

- proaktive Hemmung: Störung durch vorher Gelerntes,
- retroaktive Hemmung: Störung durch nachher Gelerntes (z. B. Werbeaktionen die auf Störung der Konkurrenzwerbung ausgerichtet sind).

In der Werbung treten häufig Interferenzen auf, da es viele Ähnlichkeiten bezüglich Produkteigenschaften, Anzeigenmotive, Anzeigenaufbau usw. gibt.

Motivationale Einflüsse:

Positive Bewertung: Grundsätzlich erhält man höhere Lernleistungen, wenn Lernabsicht vorliegt. In der Werbung kann man aber kaum davon ausgehen.

Unabhängig von der Lernabsicht wird Wichtiges und Interessantes besser gelernt. Das läßt sich auf bestimmte Prozesse zurückführen:

- Selektive Wahrnehmung, d. h. Interessantes wird bevorzugt wahrgenommen und somit eher gelernt.
- Selektives Lernen, d. h. Wichtiges wird bevorzugt vom KZS in den LZS übertragen. Dies führt zu einem differenzierten Lernen von Werbeinhalten. Hintergrundabbildungen in Werbeanzeigen werden z. B. häufig gut gelernt, aber nicht die dazugehörigen Produkte. Vom Standpunkt der Werbewirkung ist das natürlich ein Mißerfolg.

Negative Bewertung: Negativ bewertetes Lernmaterial wird beim Wahrnehmen und Lernen häufig unterdrückt. Negative motivationale Einflüsse führen auch dazu, daß grundsätzlich reproduzierbares Wissen blockiert wird, d.h. es wird nicht mehr bewußt. Dies ist zu beachten, wenn Themen in der Werbung angesprochen werden, die starke negative Emotionen auslösen (z.B. Aids).

4.1.3 Lernkurven

Es muß zwischen individuellen und aggregierten Lernkurven unterschieden werden. Zunächst zu den individuellen Lernkurven.

INDIVIDUELLE LERNKURVEN:

Unter "Lernkurve" versteht man die graphische Darstellung einer Lernleistung (ausgedrückt im Lernmaß) durch Lernrprozesse. Als Lernprozeß wird dabei meistens die wiederholte Darbietung des Lernstoffes verwendet (Lernen durch Wiederholung), dagegen gibt es viele unterschiedliche Lernmaße, z. B. Reproduktionsverfahren, Wiedererkennungsverfahren, Ersparnismethode, Erlernungsmethode u. a. m.

Voraussetzungen für die Ermittlung von aussagefähigen Lernkurven sind:
- Konstante Lernbedingungen (was besonders bei längerfristigen Untersuchungen nur unvollkommen zu erreichen ist).
- Ein über alle Durchgänge verwendbares Maß für den Lernfortschritt. (Bei der kritischen Analyse der Lernmaße darf nicht übersehen werden, daß "Leistung" und "Lernen" unterschiedliche psychische Größen sind.)
- Eine Zuordnung von Lernmaß und Lernprozeß. (Es sind nicht nur die unterschiedlichen Lernprozesse zu beachten, die wirksam werden können, sondern auch Vergessensprozesse, die in das Lernmaß eingehen und häufig eine vergleichbare Zuordnung unmöglich machen.)

Als die Normalform der **Lernkurve** wird häufig die negativ beschleunigte Lernkurve aufgefaßt, die aus vielen empirischen Untersuchungen hervorgeht und Prototyp der meisten mathematischen Lernfunktionen ist (vgl. Abb. 35).

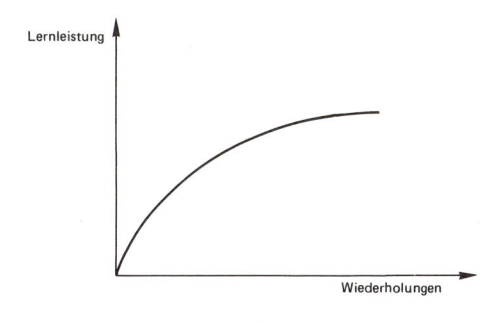

Abb. 35: "Normalform" der Lernkurve

Mathematisch wird dieser Verlauf meistens durch folgenden Funktionstyp beschrieben:

$L = 1 - (1-a)^n$
L: Lernmaß
n: Anzahl der Darbietungen (Wiederholungen)
a: Individualpsychologische Größe, z. B. Aufmerksamkeit, Erfahrung, Lernfähigkeit usw.
Es gilt: $0 \leq a \leq 1$

In Abb. 36 sind weitere Lernkurven abgebildet. Die Kurventypen werden vor allem durch das Lernmaterial und das Lernstadium bestimmt. So erhält man in frühen Lernphasen häufig positiv beschleunigte und in späteren Lernphasen negativ beschleunigte Lernkurven. Lernplateaus und auffällige Zuwachsänderungen findet man vor allem bei komplexem Lernmaterial (z.b. komplizierte Problemlösungen) und beim Lernen sensomotorischer Fertigkeiten.

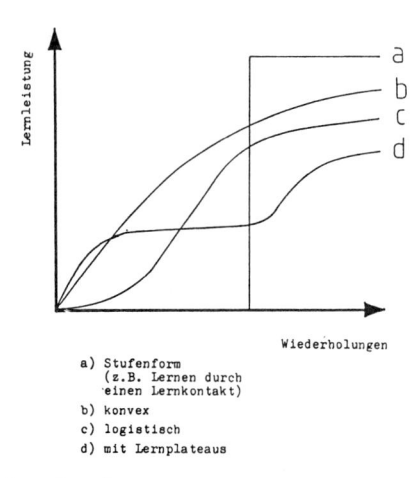

a) Stufenform
   (z.B. Lernen durch einen Lernkontakt)
b) konvex
c) logistisch
d) mit Lernplateaus

Abb. 36: Verschiedene Lernkurven

Es ist zu beachten, daß bei zeitlich verteilten Lernprozessen eine Resultante aus Lernen und Vergessen abgebildet wird (vgl. Abb. 37). Das ist für die Werbung relevant. Die zeitliche Verteilung der werblichen Lernprozesse (Schaltung von Anzeigen, Verteilung von Prospekten usw.) ist gestaltbar. Sie kann massiv erfolgen (z.B. Konzentration der Werbung auf Vor- und Hauptsaison), aber auch kontinuierlich über das ganze Jahr. Die Verteilungsart hat auf die Lernleistungen Auswirkungen. Bei massiver Werbung wird schnell gelernt, aber meistens auch schnell wieder vergessen. Bei kontinuierlicher Werbung wird langsam gelernt, die Erinnerungen (Gedächtnisleistungen) sind aber stabiler. Durch Kombination der Verteilungsarten kann die Lernleistung den jeweiligen Anforderungen angepaßt werden.

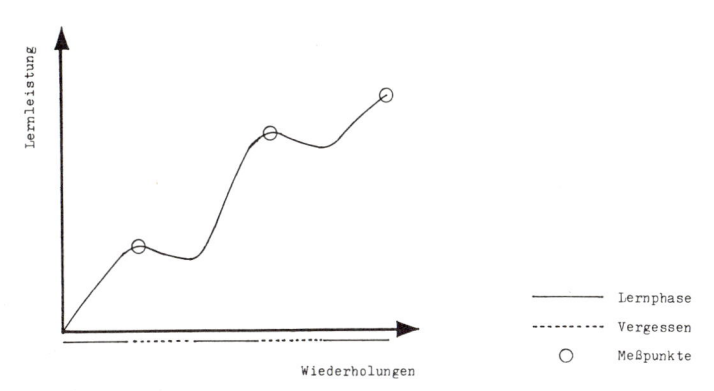

Abb. 37: Lernkurven bei zeitlich verteiltem Lernen

AGGREGIERTE LERNKURVEN:

Aggregierte Lernkurven setzen sich aus individuellen Lernkurven zusammen und verlaufen meistens ähnlich. Inhaltlich müssen sie aber anders interpretiert werden. Dies soll an einem Beispiel verdeutlicht werden.

In der Werbewirkungsforschung setzt man häufig die errechnete Zahl an Kontakten zwischen Werbebotschaft und Werbeempfänger (entspricht: Anzahl der Darbietungen des Lernstoffes) zu einem entsprechenden Lernmaß (meistens ein Erinnerungswert) in Beziehung. Man erhält Funktionen, die Lernleistungen ausdrücken und wie individuelle Lernkurven aussehen. Sie werden "Responsefunktion", "Kontaktbewertungsfunktion" oder auch "Werbewirkungsfunktion" genannt. "Werbewirkungsfunktion" ist ein irreführender Begriff, denn diese Funktion veranschaulicht nur einen kleinen, oberflächlichen Ausschnitt der Werbewirkung.

Bei der Interpretation der Responsefunktion als Lernfunktion sind folgende Probleme zu berücksichtigen:

Aggregationsproblem:

Die Responsefunktion wird über eine größere Menge von Werbeempfängern gebildet (häufig repräsentativ für Marktsegmente). Die im Laborexperiment ermittelte Lernfunktion ist dagegen eine individualpsychologische Funktion. Von individualpsychologischen auf aggregierte Funktionen kann man aber nur dann ohne weiteres schließen, wenn die individualpsychologischen Funktionen alle den gleichen Verlauf haben. Dies wird aber nur selten vorkommen. Der Verlauf der aggregierten Lernfunktion ist also möglicherweise das Ergebnis unterschiedlicher Lernprozesse.

Zuordnungsproblem:

In Laborexperimenten ist es relativ einfach, die nicht untersuchten Einflußfaktoren auf den Lernerfolg zu eliminieren oder konstant zu halten. In der Feldmessung wird der Lernerfolg dagegen von vielen Faktoren beeinflußt, so daß eine eindeutige Zuordnung unmöglich ist. Neben der Darbietungszahl (Kontaktzahl) sind als Einflußfaktoren auf das Lernmaß insbesondere zu beachten:

- die kreative Gestaltung der Werbebotschaft
- der Werbeträger
- die Kontaktsituation. Hier sind neben psychischen Größen vor allem produkt- und konkurrenzspezifische Faktoren zu beachten.

4.2 Einfache Lernmechanismen

4.2.1 Grundbegriffe

Einfache Lernmechanismen sind vorwiegend nach behavioristischen und neobehavioristischen Forschungsgrundsätzen untersucht worden. Nach behavioristischer Wissenschaftsauffassung dürfen wissenschaftliche Aussagen nur auf beobachtbaren und meßbaren Variablen basieren. Die psychischen Prozesse im Menschen sind aber nicht beobachtbar und daher auch nicht Gegenstand behavioristischer Untersuchungen. Der Mensch wird infolgedessen als eine "black box" betrachtet (vgl. Abb. 38), auf die Stimuli einwirken und die darauf beobachtbar reagiert. Die Reaktionen werden erforscht. Im einfachsten Fall wird eine Einflußgröße systematisch variiert und dann beobachtet, wie der Untersuchungsgegenstand darauf reagiert.

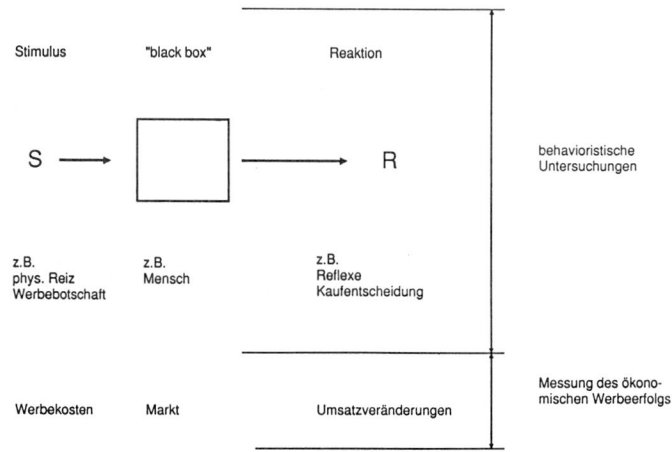

Stimulus	"black box"	Reaktion	
S →	☐ →	R	behavioristische Untersuchungen
z.B. phys. Reiz Werbebotschaft	z.B. Mensch	z.B. Reflexe Kaufentscheidung	
Werbekosten	Markt	Umsatzveränderungen	Messung des ökonomischen Werbeerfolgs

Abb. 38: Kennzeichnung des behavioristischen Forschungsansatzes

Die Neobehavioristen lassen als Vermittler zwischen Stimulus und Reaktion nicht direkt beobachtbare psychische Konstrukte zu (intervenierende Variablen, z.B. die

Einstellung), die empirisch gemessen werden können. Dadurch sind sie in der Lage, differenziertere Analysen zu machen.

Aus diesen Auffassungen erhält man die folgende Lerndefinition: Lernen ist die Veränderung der Wahrscheinlichkeit, daß auf einen Stimulus eine bestimmte Reaktion erfolgt.

Eine zentrale Bedeutung kommt dem Stimulusbegriff zu, der daher näher zu erläutern ist: Grundsätzlich kann man alles das Stimulus nennen, was vom Organismus empfangen werden kann (externe Stimuli: z.B. Töne; interne Stimuli: z.B. Hungerempfinden). Für die Stimuluswahrnehmung sind die Diskrimination und die Generalisation bedeutend.

DISKRIMINATION ist die Fähigkeit, Stimuli zu unterscheiden. Man spricht von Diskrimination, wenn

- ähnliche Stimuli unterschieden werden (Stimulus-Diskrimination). Man untergliedert die Diskrimination in einfache und komplexe Diskrimination.

- auf ähnliche Stimuli unterschiedlich reagiert wird (Reaktions-Diskrimination).

Ein Beispiel zur einfachen Diskrimination:

In den 60er Jahren war der Konsument nicht in der Lage, verschiedene Bananenzüchtungen zu unterscheiden. Für bestimmte Bananenzüchtungen konnte daher nicht gezielt geworben werden. Das änderte sich, als man begann, Bananen durch differenzierende Stimuli unterscheidbar zu machen. Konkret: Man nannte eine Bananenzüchtung "Chiquita" und kennzeichnete sie durch blaue Aufkleber mit diesem Namen. Jetzt war man in der Lage, mit Hilfe der Werbung bestimmte Qualitätsvorstellungen mit diesem Produkt zu verknüpfen. "Chiquita" wurde zu einem Qualitätsindikator.

Die Diskrimination von Produkten erfolgt also in zwei Stufen:

(1) Schaffung und Bekanntmachung eines differenzierenden Stimulus (im Beispiel durch einen blauen Aufkleber).

(2) Verknüpfung des differenzierenden Stimulus mit einer bestimmten Reaktion (im Beispiel eine bestimmte Qualitätsvorstellung)

Meistens reicht ein differenzierender Stimulus nicht aus. Vielmehr benötigt man zur Unterscheidung der Produkte und Werbeanzeigen mehrere differenzierende Stimuli (Diskriminationsmuster): Firmen- und Markenzeichen, Farben, invariante Gestaltungselemente u.a.m. Dies wird "komplexe Diskrimination" genannt.

Es ist keineswegs immer erwünscht, daß auf verschiedene Stimuli unterschiedlich reagiert wird. Der Unternehmer, der ein erfolgreiches, inzwischen aber veraltetes Produkt durch ein neues ersetzen will, möchte, daß von dem guten Image des alten Produktes möglichst viel auf das neue übertragen wird. In diesem Fall soll erreicht werden, daß auf zwei verschiedene Stimuli (altes und neues Produkt) gleichartig reagiert wird. Anders ausgedrückt: Zwei verschiedene Stimulusmengen sollen als ähnlich wahrgenommen werden. Dazu benötigen sie gemeinsame Elemente. Formal ausgedrückt:

S: Stimulusmenge 1

S': Stimulusmenge 2

S $\cap$ S' $\neq$ 0 (d. h. es gibt gemeinsame Elemente)

Man spricht von GENERALISATION, wenn S und S' gleiche Reaktionen auslösen. Das ist der Fall, wenn S und S' genügend gemeinsame Elemente haben, wenn also $\frac{S \cap S'}{S}$ groß genug (nahe 1) ist. Praktisch läßt sich das realisieren durch:

- Wahrnehmungsgeneralisation: Damit werden Generalisationen bezeichnet, die durch Stimuli vermittelt werden, die physikalisch ähnlich sind oder als ähnlich empfunden werden, z.b. ähnliche Farben, Formen und Klänge.

- Semantische Generalisation: Damit werden Generalisationen bezeichnet, die durch inhaltliche Ähnlichkeit vermittelt werden. Wer z.b. seine Produkte nach Musikinstrumenten benennt, hat dadurch seinem Produktionsprogramm schon über den Gattungsbegriff Musik einen gemeinsamen Bezugsrahmen gegeben und somit Ähnlichkeiten geschaffen. Inhaltliche Ähnlichkeit kann sich aber auch auf ganze Texte und Werbekonzepte beziehen. Man erhält sie etwa dadurch, daß man die Werbekampagne unter ein bestimmtes Leitmotiv stellt.

4.2.2 Klassische Konditionierung

Bei Menschen und Tieren lösen Umweltreize häufig stereotype Reaktionen aus: "Anfassen eines heißen Gegenstandes läßt uns die Hand zurückziehen, noch bevor uns der Hitzeschmerz bewußt wurde und wir willkürlich darauf hätten reagieren können; Berühren der Hornhaut des Auges führt immer zu einem Lidschlag; Fremdkörper in der Luftröhre verursachen Husten; Kontakt von Speisen mit der hinteren Rachenwand löst Schlucken aus. Die meisten Reflexe laufen aber ab, ohne daß wir bewußt von ihnen Notiz nehmen. Zum Beispiel diejenigen Reflexe, die für die Passage oder Aufbereitung der Nahrungsmittel in Magen und Darm sorgen, oder die, welche Kreislauf und Atmung kontinuierlich an die jeweiligen Erfordernisse des Organismus anpassen." (Schmidt, 1983, S. 164/165)

Im Zitat steht, daß man diese Reaktionen "Reflexe" nennt. Darunter versteht man, allgemein ausgedrückt, unwillkürlich ablaufende, stereotype Antworten auf Umweltreize. Der Automatismus entsteht durch verknüpfte Nervenbahnen: Vom Rezeptor (Reizempfänger) werden Reize über bestimmte Nervenbahnen zum Zentralnervensystem geleitet, dort umgeschaltet und dann über bestimmte Nervenbahnen zum Effektor (ausführendes Organ; meistens ein Muskel) geleitet. Die verknüpften Nervenbahnen vom Rezeptor zum Effektor werden Reflexbogen genannt.

Was bei der einführenden Beschreibung so eindeutig klingt und bei oberflächlicher Betrachtung so einfach erscheint, ist in Wirklichkeit weder einfach noch eindeutig. Reflexbögen verlaufen in der Regel nicht isoliert, sondern sind mit anderen Nervenbahnen und Reflexbögen verknüpft. Sie sind auch nicht isoliert, sondern zahlreichen Einflüssen ausgesetzt, die den Verlauf des Reflexes modifizieren können. Es gibt zahlreiche Formen und erhebliche Ungenauigkeiten bei Klassifikationen. Jede Einteilung ist mehr oder weniger willkürlich. Diese Einzelheiten sind aber nicht so wesentlich, wenn es nur darum geht, das Grundprinzip der klassischen Konditionierung zu erläutern.

Klassische Konditionierung basiert auf angeborenen, unwillkürlichen Reflexen. Dazu gehören beispielsweise der Lidreflex, die Speichelsekretion, Schluckbewegungen, Orientierungsreflexe, Fluchtbewegungen u. a. m. Sie regulieren lebenswichtige Grundfunktionen. Ihre Bedeutung wird durch eine wichtige Eigenschaft erweitert. Die angeborenen Reflexe können mit Umweltstimuli verknüpft werden. Diese Verknüpfung nennt man "einfache klassische Konditionierung". Dadurch wird eine größere Plastizität des Verhaltens ermöglicht, die die Fähigkeit zur Umweltanpassung fördert.

Die genaueren Rahmenbedingungen und zentralen Eigenschaften der klassischen Konditionierung sollen am Beispiel des grundlegenden Experimentes erläutert werden, das Pawlow durchführte. Er legte einem ausgehungerten Hund Fleischpulver ins Maul. Dadurch wird der angeborenen Speichelreflex ausgelöst. Genauer: Im Maul werden Rezeptoren gereizt. Als Folge davon werden über Reflexbögen Impulse zur Speicheldrüse geleitet, die daraufhin in Abhängigkeit von der Reizschwelle Speichel absondert. Eine Glocke hat zunächst - wie viele andere zufällige Reize - keinen Einfluß auf die Speichelsekretion (vgl. Abb. 39). Wenn Sie aber einige Male vor der Fütterung geläutet worden ist, dann fließt der Speichel bereits beim Ertönen der Glocke. Dieser Prozeß wird klassische Konditionierung genannt.

Zusammenfassend: Die Fütterung ist ein angeborener unbedingter Stimulus (UCS: unconditioned stimulus). Die dadurch ausgelöste Speichelsekretion ist ein unbedingter Reflex (UCR: unconditioned response). Der Glockenton ist zunächst ein neutraler Stimulus. Nach der Konditionierung löst er wie die Fütterung eine Speichelsekretion aus. Er ist zu einem bedingten Stimulus (CS: conditioned response) geworden. Theoretisch unterscheiden sich der unbedingte und der bedingte Reflex nicht. Tatsächlich kann aber insbesondere bei komplexen Reflexen ein Unterschied zwischen dem unbedingten und dem bedingten Reflex festgestellt werden. (Aus: Behrens, 1988, S. 201 f.)

Bedeutung hat die klassische Konditionierung in der Werbung vor allem im Zusammenhang mit dem **Lernen von Emotionen**, denn es besteht eine enge Beziehung zwischen Emotionen und Reflexen. Emotionen werden stets von spezifischen Reflexen begleitet. Das ist wohl auch der Grund dafür, daß Emotionen wie Reflexe gelernt werden.

Ein Experiment soll das verdeutlichen. STAATS/STAATS (1957) präsentierten

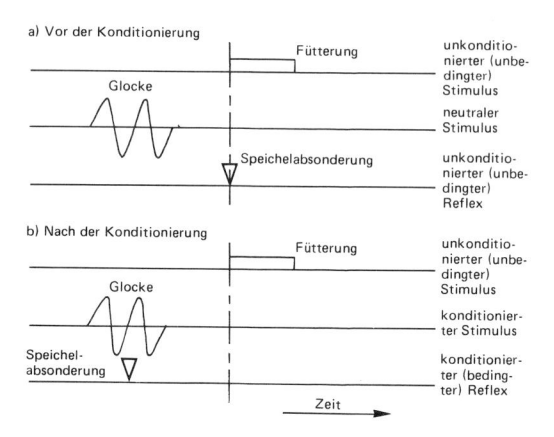

Abb. 39: Ablauf der klassischen Konditionierung

zwei Versuchsgruppen Wortpaare aus sinnlosen Silben und sinnvollen Wörtern. In der einen Gruppe wurde die Silbe XEH mit verschiedenen Wörtern gepaart, die - im Sinne des semantischen Differentials - eine negative Bedeutung haben.die Silbe YOF wurde dagegen zusammen mit Wörtern positiver Bedeutung gezeigt. In der anderen Gruppe wurde die Bedeutungszuordnung umgekehrt: Die Silbe YOF wurde in einem Wortfeld mit negativer Bedeutung gezeigt, die Silbe XEH in einem Wortfeld mit positiver Bedeutung.

Nach der Präsentation hatten die zunächst sinnlosen Silben XEH und YOF die Bedeutung des Wortfeldes üernommen, in dem sie gezeigt worden waren. D. h. die Versuchspersonen, die XEH zusammen mit Wörtern negativer Bedeutung wahrgenommen hatten, beurteilten danach auch diese Silbe - im Sinne des semantischen Differentials - negativ.

Die Lernbedingungen dieses Experimentes lassen sich auf das Lernen von Emotionen durch Anzeigenwerbung übertragen, wenn man an die Stelle der sinnlosen Silben den (bei der Produkteinführung häufig zunächst neutralen) Produktnamen bzw. die Produktabbildung setzt und das Hintergrundmotiv als emotionalen Kontext auffaßt. Dabei wird von folgendem Anzeigentyp ausgegangen (siehe Abb. 40).

Zunächst wird, weil es als Blickfang wirkt, das Hintergrundmotiv wahrgenommen, z. B. ein Freizeitmotiv, das Erinnerungen und damit verbundene Emotionen auslöst. Dann werden das Produkt und der Produktname wahrgenommen, die so groß und prägnant dargestellt worden sind, daß sie nicht übersehen werden können.

Unter diesen Bedingungen werden - entsprechend den Regeln der klassischen Konditionierung - nach einigen Wiederholungen die Emotionen, die vorher nur vom Freizeitmotiv ausgelöst wurden, schon bei der Wahrnehmung des Produktnamens ausgelöst, d. h. der Produktname wird emotional geladen.

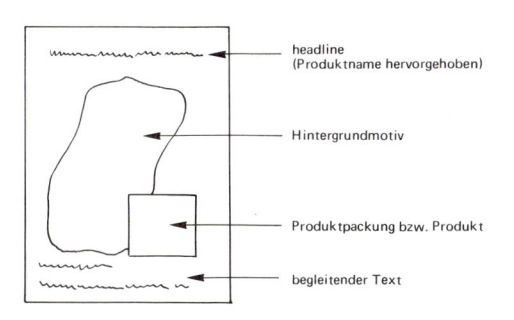

[Abbildung: Schema einer Werbeanzeige mit Beschriftungen: headline (Produktname hervorgehoben), Hintergrundmotiv, Produktpackung bzw. Produkt, begleitender Text]

Abb. 40: Präsentation eines Produktes

Allerdings muß beachtet werden:

- Die Verknüpfung ist meistens so schwach, daß sie erst nach mehreren Darbietungen meßbar und damit andeutungsweise sichtbar wird.
- Die Verknüpfung wird von anderen Einflußfaktoren überlagert, so daß mit dem Produktnamen nur mehr oder weniger ähnliche Emotionen verknüpft werden.

Kroeber-Riel (1984, S. 120 ff.) hat diese Form der Emotionalisierung durch Werbung experimentell überprüft. Der Transfer konnte bestätigt werden. Allerdings spricht einiges dafür, daß dieser Lernprozeß nicht so einfach auf die Theorie der klassischen Konditionierung zurückgeführt werden kann (vgl. hierzu Behrens, 1984).

4.2.3 Operante Konditionierung

Man unterscheidet zwischen instrumenteller und operanter Konditionierung. Im wesentlichen geht es dabei um methodische Unterschiede. Der Ausgangspunkt der operanten Konditionierung sind freiwillige Handlungen. Bei der instrumentellen Konditionierung werden die Versuchspersonen oder -tiere zunächst zu bestimmten Verhaltensweisen veranlaßt. Einige Verhaltensweisen werden dann systematisch verstärkt.

Auch überzeugte Anhänger der operanten Konditionierung gehen bei der Anwendung dieser Lerntechnik häufig nicht konsequent von freiwilligen Handlungen aus. Unter diesen Bedingungen ist die Unterscheidung in instrumentelle und operante Konditionierung fragwürdig. In den folgenden Ausführungen werden die Begriffs-

und Darstellungskategorien der operanten Konditionierung verwendet, weil sie in der lernpsychologischen Literatur am stärksten verbreitet sind.

Was man unter "operante Konditionierung" versteht, läßt sich am besten an einem Beispiel erläutern: Gibt man einer hungrigen Taube gerade dann Futter, wenn sie - zunächst zufällig - mit dem Kopf wackelt, wird sie nach einigen Wiederholungen dieser Prozedur häufig mit dem Kopf wackeln. Das Kopfwackeln ist jetzt keine zufällige Bewegung mehr. Es wurde durch das Füttern belohnt (verstärkt) und so zu einer durch operante Konditionierung gelernten Bewegung.

Allgemein ausgedrückt:

Von operanter Konditionierung spricht man, wenn die Wahrscheinlichkeit einer zunächst frei emittierten Reaktion durch einen Nacheffekt (Verstärkung) erhöht wird.

Man erkennt, daß der **Verstärkungsbegriff** bei diesem Lernmechanismus eine zentrale Bedeutung hat. Es wird zwischen positiver und negativer Verstärkung unterschieden. Als **"positiven Verstärker"** bezeichnet man einen Reiz, der, wenn er nach einer Reaktion folgt, die Wahrscheinlichkeit des Auftretens dieser Reaktion unter ähnlichen Umständen erhöht. Ein **"negativer Verstärker"** ist dann ein Reiz, der, wenn er nach einer Reaktion **nicht** erfolgt, die Wahrscheinlichkeit des Wiederauftretens dieser Reaktion erhöht.

Die größte Bedeutung für die operante Konditionierung hat die positive Verstärkung (Belohnung). Es ist verständlich, was damit gemeint ist. Der Begriff ist aber problematisch. Dazu nähere Erläuterungen.

Der positive Verstärker wird nicht durch die Stimulusart bestimmt, sondern durch seine Wirkung. Da die Wirkungen unterschiedlich sind, ist der positive Verstärker unbestimmt. Ein Stimulus (z.B. ein Stück Kuchen), der für eine Person ein positiver Verstärker ist, ist für andere (Personen, die keinen Kuchen mögen) nicht zwangsläufig auch ein positiver Verstärker. Ebenso kann ein Stimulus, z.B. ein Lob vom Gesprächspartner, für eine Person einmal ein positiver Verstärker sein, ein anderes Mal nicht, z.B. dann, wenn offensichtlich ist, daß das Lob nur dazu dient, die Position des Diskussionspartners zu verbessern.

An diesem Beispiel erkennt man, daß die positive Verstärkung kein mechanischer Vorgang ist, sondern ein Prozeß, der häufig von kognitiven Größen beeinflußt wird, z.B. von Einsichten und Erwartungen. Man kann annehmen, daß bei Tieren die Belohnung mechanisch wirkt, während bei Menschen der Informationsaspekt der Belohnung und damit die kognitive Komponente erhebliche Bedeutung haben. Dies verdeutlicht, daß die Übertragung von Ergebnissen, die in Tierversuchen gewonnen wurden (im Rahmen der operanten Konditionierung wurden vorwiegend Tierversuche durchgeführt), auf menschliches Verhalten problematisch ist.

Es gibt eine Vielzahl von positiven Verstärkern. In irgendeiner Form können fast alle Stimuli Verstärker werden. Man unterscheidet:

- Primäre Verstärker: Darunter versteht man Stimuli, die ohne Lernvorgänge als positive Verstärker wirksam werden, z.B. Nahrung und Wasser.

- Sekundäre Verstärker: Darunter versteht man Stimuli, die ursprünglich neutral waren, dann mehrere Male mit einem verstärkenden Stimulus zeitlich zusammen aufgetreten sind und so selbst zu verstärkenden Stimuli geworden sind.

- Generalisierte Verstärker: Darunter versteht man Stimuli, die in verschiedenen Situationen verstärkend wirken. Meistens handelt es dabei um kulturabhängige sekundäre Verstärker. Dazu zählen beispielsweise Geld und Zuwendungen.

Die große Menge der positiven Verstärker führt dazu, daß fast jedes Verhalten lerntheoretisch begründet werden kann - manchmal auch widersprüchliches. Es ist z.B. nicht schwierig, die meisten positiven Werbewirkungen durch operante Konditionierung zu erklären, denn Werbebotschaften sind eine Zusammensetzung aus sekundären, häufig generalisierten Verstärkern: Versprechungen, verbale Zustimmung, verbales Lob, Zugaben, Erfolgsaussichten. Danach müßten - in konsequenter Anwendung der operanten Konditionierung - durch Werbebotschaften stets positive Werbewirkungen ausgelöst werden.

Schon die Tatsache, daß diese Schlußfolgerung nicht mit der Realität übereinstimmt, zeigt, daß die Ergebnisse der operanten Lerntheorie nicht ohne weiteres auf die Werbung übertragen werden dürfen. In den genannten Beispielen ist zu beachten, daß solche Stimuli wie Zugaben, Versprechungen, verbales Lob, Erfolgsaussichten usw. positive Verstärker sein können, aber nicht zwangsläufig sind. Viel hängt von der Wahrnehmung und Interpretation ab.

Positive Verstärkung erfolgt in der Regel nicht durch eine, sondern durch mehrere Verstärkungen. Die Verstärkung kann unterschiedlich eingesetzt werden. Man unterscheidet verschiedene Verstärkungspläne:

- Kontinuierliche Verstärkung: Das erwünschte Verhalten wird jedes Mal verstärkt, wenn es gezeigt wird.

- Intermittierende (partielle) Verstärkung: Das erwünschte Verhalten wird nur ab und zu verstärkt. Dabei werden verschiedene Formen unterschieden, insbesondere Quotenverstärkung und Zeitintervallverstärkung.

Bei der Quotenverstärkung werden bestimmte Verstärkungsquoten festgelegt, z.B. 20 % der Reaktionen werden verstärkt. Die Verstärkung kann regelmäßig erfolgen (im Beispiel: jede 5. Reaktion wird verstärkt) oder unregelmäßig (im Beispiel: im Gesamtdurchschnitt werden 20 % der Reaktionen verstärkt). Bei der Zeitintervallverstärkung erfolgt die Verstärkung nach bestimmten Zeitplänen. Natürlich werden auch kombinierte Verstärkungspläne durchgeführt.

Die Wirkung der Verstärkung hängt auch vom verwendeten Versuchsplan ab. Zusammenfassend kann man dazu sagen:

Durch die kontinuierliche Verstärkung wird der Lernprozeß schneller abgeschlossen, aber auch schneller vergessen. Durch die intermittierende Verstärkung wird langsamer gelernt, aber das Gelernte ist gegen Vergessenseinflüsse resistenter.

So konnte man in verschiedenen Anwendungsbereichen feststellen, daß die regelmäßige Belohnung von Dauerkunden (z.b. Geschenke zum Jahresende, Rabatte, Prämien) oft kaum nachhaltige Wirkungen hat. Das entspricht den Erfahrungen, die man mit kontinuierlichen Verstärkungsplänen gemacht hat.

Außerhalb der Lerntheorie könnte man das so interpretieren: Die Kunden gewöhnen sich an die Belohnung und fassen sie bald als Selbstverständlichkeit auf. Anders ist das bei den variablen intermittierenden Verstärkern, bei denen den Kunden z. B. von Zeit zu Zeit attraktive Sonderangebote gemacht werden. Es spricht einiges dafür, daß unter diesen Bedingungen die Bindung der Kunden nachhaltiger verstärkt wird.

Auch das Lernen komplexer Verhaltensweisen ist möglicherweise auf die Anwendung ausgefeilter Verstärkungstechniken zurückzuführen. Um Tieren komplizierte Dressurnummern beizubringen, verwendet man z. B. die Shaping-Technik. Danach wird zunächst nicht die endgültige Reaktion verstärkt, die nur selten frei emittiert wird, sondern jede Reaktion, die das Tier der endgültigen Reaktion näherbringt. Zunächst wird schon die richtige Kopfbewegung verstärkt, dann der Lauf in die vorgesehene Richtung, später immer komplexere Reaktionen. Shaping ist also ein Lernen durch stufenweise Annäherung an das Lernziel.

Entsprechende Verstärkungstechniken findet man beim Lernen von Konsum-Verhaltensweisen. So werden Kinder zunächst mit den Produkten vertraut gemacht, später wird ihnen gezeigt, wo man die Produkte kauft und wie man sie kauft.

Diese Technik wird ansatzweise systematisch auch als Marketinginstrument verwendet: Sparkassen versuchen z. B. die Kinder über die Schule und auch durch kleine Geschenke (ein Sparbuch mit 5,- DM-Einlage und andere Beigaben als zusätzliche Verstärker) mit dem Sparbuch vertraut zu machen. Auf dieser Basis soll später der Umgang mit dem Sparkasseninstitut und die Durchführung der Geldgeschäfte über die Sparkasse entwickelt werden.

Mit diesen Beispielen soll nicht gesagt werden, daß die Shaping-Technik zur Erreichung dieser Lernziele die vorzuziehende Lerntechnik ist. Sie ist eine von vielen Techniken, deren heuristischer Wert höher einzuschätzen ist als ihre wissenschaftliche Aussagefähigkeit, denn streng wissenschaftlich gesehen sind die Ergebnisse aus dem Untersuchungen zur operanten Konditionierung nur mit erheblichen Vorbehalten auf die Werbung zu übertragen.

4.2.4 Assoziationen

Jedes Erlebnis, jedes bewußt wahrgenommene Wort hinterläßt im Gedächtnis eine Spur. Mit "Assoziationen" bezeichnet man kognitive Erscheinungen, die auf Verknüpfungen zwischen derartigen Spuren beruhen. Assoziationen ermöglichen und lenken das Bewußtwerden von Wahrnehmungsinhalten. Die wichtigste Rahmenbedingung: Für die Assoziation von Wahrnehmungsinhalten ist im wesentlichen nur das gleichzeitige Bewußtwerden der Inhalte notwendig. Das Ergebnis: Wenn A und B zwei bewußt wahrgenommene Objekte oder Inhalte sind, dann folgt aus einer Assoziation zwischen A und B, daß:

(a) B reproduzierbar ist, wenn A reproduzierbar ist,

(b) B reproduziert (bewußt) wird, wenn A reproduziert wird. Von Hemmfaktoren wird dabei abgesehen.

Im engeren Sinne versteht man unter "Assoziationen" kognitive Verknüpfungen von Wörtern und Inhalten, im weiteren Sinne auch die Verknüpfung von Gefühlen und Bewegungen. Charakterisiert ist, daß die Reihenfolge der Elemente beim Lernen in der Regel gleich der Reproduktionsfolge (Reihenfolge beim Bewußtwerden) ist.

Von dieser Grundregel gibt es aber viele Ausnahmen. Man hat versucht, sie durch Hilfskonstruktionen zu klären, z. B durch verschiedene Formen der "vermittelten Assoziation". Das ist aber nur teilweise gelungen.

Die Assoziation ist ein wichtiges Lernprinzip, reicht aber nicht aus, um das kognitive Lernen umfassend zu erklären.

In der Werbung ist die Herstellung von Assoziationen (z.B. Verknüpfung eines Produktes mit Produkteigenschaften) wichtig. Es müssen aber auch bereits bestehende Assoziationen beachtet werden. So dürfen bei der Auswahl von Produktnamen die Vorassoziationen nicht übersehen werden. Für Männerseifen dürfen z.B. keine Namen gewählt werden, die - unabhängig vom Produkt - eher mit "weiblich", "weich" usw. assoziiert werden. Außerdem müssen die Produktnamen assoziativ ausbaufähig sein. Auf eine kurze Form gebracht: Der zu wählende Produktname muß leicht mit dem Eigenschaftsfeld des betreffenden Produktes assoziativ zu verknüpfen sein.

Häufig werden Produktnamen so gewählt, daß sie zu Assoziationsvermittlern mit den vorgesehenen Produkteigenschaften werden. Produktnamen wie "Semeta" (für Schaumbad) und "sofix" (Fußbodenpflegemittel) weisen beispielsweise direkt auf bestimmte Produkteigenschaften hin: SAMTweiche Haut (Semeta) bzw. schnelle - so fixe - Bodenpflege (sofix).

Produktnamen wie "X-tra" und "Banner" werden leicht über Slogans, die als Assoziationsvermittler fungieren, mit bestimmten Produkteigenschaften verknüpft. "X-tra" wird z.B. schnell mit dem Slogan "X-tra wäscht extra tief" assoziiert, der auf die starke Waschkraft des Waschmittels hinweist. "Banner" wird leicht mit dem Slogan "Banner bannt Körpergeruch" assoziiert. Dadurch wird eine Beziehung zur Wirkung der Seife hergestellt.

4.3 Komplexe Lernmechanismen

Im behavioristischen und neobehavioristischen Forschungsansatz wird das Verhalten auf eine einfache funktionale Beziehung reduziert: Stimulus und Reaktion werden zueinander in Beziehung gesetzt. Damit können einfache psychische Prozesse wie die Konditionierung untersucht und einfache Verhaltensweisen erklärt werden. Diese Vorgehensweise versagt aber insbesondere dann, wenn Faktoren wie Einsicht, Verständnis, Erfahrung und Denken verstärkt am Wahrnehmungs- und Lernprozeß beteiligt sind.

Für die Untersuchung komplexer Verhaltensweisen werden andere theoretische Ansätze benötigt. Einen komplexeren Ansatz erhält man, wenn der Mensch als ein System der Informationsverarbeitung aufgefaßt wird. Unter diesem Aspekt können verschiedene Modelle entwickelt werden, die unterschiedliche Werbewirkungen erklären. Zwei sollen hier näher untersucht werden: das Speichermodell und die Modellierung.

4.3.1 Speichermodell

Kognitive Speichermodelle basieren auf einem Modellrahmen, der bereits in den 50er Jahren entwickelt wurde (vgl. Abb. 41). Ausgangspunkt der Betrachtung sind die Speicher der menschlichen Informationsverarbeitung: visueller sensorischer Speicher (VSS), Kurzzeitspeicher (KZS) und Langzeitspeicher (LZS). Im Mittelpunkt der psychologischen Untersuchungen steht der Prozeß der Informationsverarbeitung. In der Werbepsychologie geht es vor allem um die Frage: Wie können Informationen in den Langzeitspeicher "eingeschleust" werden? In diesem Kapitel werden zunächst die Speicher beschrieben.

Der visuelle sensorische Speicher (VSS) ist ein Durchgangsspeicher. Seine Funktion besteht darin, möglichst viele Umweltreize aufzunehmen, um eine breite Basis für die Selektion vermeintlich relevanter Reize zu schaffen. Diese Funktion wird erfüllt, indem in schneller Folge (meistens unter einer Sekunde Speicherzeit) viele Reize kurzfristig gespeichert werden. Versucht man, den VSS zu lokalisieren, wird man ihn dem Auge zuordnen müssen. Eine wichtige Funktion hat hierbei die Netzhaut.

Der Kurzzeitspeicher (KZS) hat wie der VSS eine begrenzte Kapazität. Die Speicherdauer hat eine relativ große Bandbreite. Sie reicht von einigen Sekunden bis zu einigen Minuten. Er hat Eingänge vom VSS (gerade wahrgenommene Stimuli) und vom LZS (Erfahrungen) und ist somit die Kontaktstelle zwischen unmittelbar aufgenommenen und gespeicherten Informationen. Man bezeichnet den KZS auch als Arbeitsspeicher, weil er nicht nur die Stimuli aufnimmt, die gelernt werden sollen, sondern auch beim Ablauf der Denkprozesse eine wesentliche Rolle einnimmt. Die Prozesse im KZS werden häufig mit den Bewußtseinsprozessen gleichgesetzt.

Der Langzeitspeicher (LZS) ist ein Aufbewahrungsspeicher. Es wird angenom-

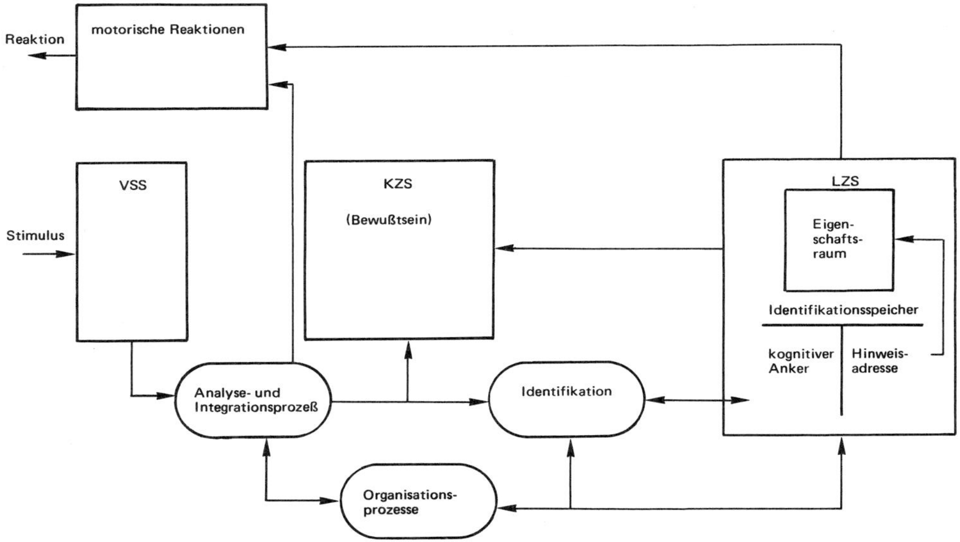

Abb. 41: Das Grundmodell der kognitiven Informationsverarbeitung

men, daß seine Kapazität - im Gegensatz zum VSS und zum KZS - praktisch unbeschränkt ist. Hier können wahrgenommene Reize so gespeichert werden, daß sie auch nach längerer Zeit noch reproduzierbar sind.

Speicher können - bildlich gesprochen - eine freie Fläche darstellen, auf der Elemente einfach in der Reihenfolge des Eingangs abgelegt werden. Sie können aber auch eine Speicherorganisation haben, nach der den eingehenden Elementen ein ihren Eigenschaften entsprechender Platz zugewiesen wird. Mit einer solchen Organisation wird die Einordnung länger dauern, aber dafür können bestimmte, einmal abgelegte Elemente schneller wiedergefunden werden. Diese Organisation ist daher in Speichern angebracht, in denen eine größere Anzahl von Elementen langfristig gelagert wird und aus denen regelmäßig bestimmte Elemente abgerufen werden können.

Diese aus der Anschauung abgeleitete Beschreibung kann auf die am kognitiven Informationsprozeß beteiligten Speicher übertragen werden.

Die sensorischen Speicher sind darauf ausgerichtet, möglichst viele Umweltstimuli kurzfristig aufzunehmen. Sie haben daher keine aufnahmeverzögernde Speicherorganisation, sondern nehmen die empfangenen Umweltstimuli simultan auf.

Die Organisation des Langzeitspeichers (LZS) kann mit einem Lexikon verglichen werden:

Über die systematisch geordneten Begriffe hat man Zugang zu den Fakten. Den Stichwörtern im Lexikon entsprechen kognitive Repräsentanten der wahrgenommenen Gegenstände (vgl. dazu das Kapitel "Das Wiedererkennen einfacher Figuren"). Oben wurde gesagt, daß man sich diese kognitiven Repräsentanten, sie werden auch "kognitive Anker" genannt, nicht als Abbilder der Original vorzustellen hat, sondern als Identifikationsmuster (Kombinationen aus charakteristischen Elementen). Sie sind in einem Teil des LZS systematisch angeordnet, der Identifikationsspeicher genannt werden soll.

Ähnlich wie im Lexikon die Stichwörter fungieren die kognitiven Repräsentanten als Adresse für Fakten. In dieser Analogie gelten die Adressen als Hinweise für die mit dem entsprechenden Gegenstand gemachten Erfahrungen, die als Eigenschaften im Eigenschaftsraum gespeichert sind. Den Eigenschaftsraum kann man sich als einen mehrdimensionalen Raum vorstellen. Jede Dimension stellt eine Eigenschaft dar. Ein Gegenstand wird dann inhaltlich durch seine Position im Eigenschaftsraum bestimmt, d. h. durch seine Eigenschaften. Durch die den kognitiven Repräsentanten zugeordnete Adresse werden bei Aktivierung der kognitiven Repräsentanten (z. B. durch Wiedererkennen) auch die entsprechenden Eigenschaften bewußt. Statt von "Adresse" kann auch von "Assoziation zwischen kognitiven Repräsentanten und den entsprechenden Eigenschaften" gesprochen werden.

Die bewußte Wahrnehmung läuft danach folgendermaßen ab:

Zunächst muß der Gegenstand wiedererkannt werden, d. h. der entsprechende kognitive Repräsentant des Gegenstandes muß aktiviert werden. Durch die Aktivierung wird auch die Assoziation des kognitiven Ankers mit den entsprechenden Eigenschaften (den früher gemachten Erfahrungen mit diesem Gegenstand) erregt und damit bewußt.

Aus dieser Prozeßbeschreibung erkennt man, daß der **Lernprozeß** in zwei Stufen abläuft:

1. Stufe: Bevor man Daten reproduzierbar in ein Lexikon einordnen kann, müssen sie einem Stichwort zugeordnet werden. Entsprechend müssen Erfahrungen, Produkteigenschaften usw. einem Symbol (z. B. Produktname, Produktpackung usw.) zugeordnet werden. Dieses Stichwort muß im Identifikationsspeicher eingeordnet werden. Das nennt man **Wiedererkennungslernen**.

Das Wiedererkennungslernen ist **kein** Verknüpfungslernen wie die Konditionierung. Es wird also nicht ein Stimulus A mit einem Stimulus B bzw. einer Reaktion verknüpft, sondern es wird ein bestimmter Stimulus isoliert eingeprägt. Das vereinfacht den Lernvorgang und mag eine Plausibilitätserklärung für die hohe Lerngeschwindigkeit beim Wiedererkennungslernen sein.

2. Stufe: Nach dem Wiedererkennungslernen können mit den gespeicherten kognitiven Repräsentanten (z. B. Produktnamen) die (Produkt-) Eigenschaften verknüpft werden. Das nennt man **Eigenschaftslernen**.

Hierfür gelten die Lernbedingungen, die normalerweise in der lernpsychologischen Literatur dargestellt werden (vgl. die Ausführungen über die einfachen Lernmechanismen).

Erst wenn beide Lernprozesse abgeschlossen sind, werden mit der Wahrnehmung des Produktnamens die entsprechenden Produkteigenschaften bewußt. Diese beiden Lernstufen können parallel ablaufen, unter ungünstigen Bedingungen, wie beim Lernen von Werbebotschaften, laufen sie aber sukzessiv ab. Das ist z. B. bei der Werbung für die **Einführung eines neuen Produktes** zu beachten, bei der zwei Lernstufen unterschieden werden müssen (vgl. hierzu vor allem BEHRENS, 1976, S 100 ff.):

1. Lernstufe:

Hier kommt es darauf an, den Produktnamen und die Produktpackung bekanntzumachen, und zwar so, daß beides schnell und eindeutig wiedererkannt wird. Dazu müssen die charakteristischen Merkmale hervorgehoben werden. Das erreicht man z. B. durch Anzeigen des folgendes Typs (vgl. Abb. 42):

2. Lernstufe:

In der zweiten Lernstufe müssen dann verstärkt die Produkteigenschaften vermittelt werden. Auf das Modell bezogen (vgl. Abb. 41): Das Produkt muß jetzt im Eigenschaftsraum positioniert werden. Dies geschieht u.a. durch emotionale Hintergrundbilder (vgl. hierzu die Ausführungen über die Emotionalisierung in den

Abb 42: Werbung in der ersten Lernstufe
(Übermittlung von Produktname und Produktbild)

Abb. 43: Visualisierung von Produkteigenschaften

Kapiteln 3 und 4.2.2) und Visualisierung der Produkteigenschaften. Beispielsweise kann durch eine tiefbraune Farbe zum Ausdruck gebracht werden, daß der abgebildete Kaffee ein starkes Aroma hat. In Abb. 43 wird diese Eigenschaft durch den im Kaffee "stehenden Löffel" visualisiert.

Im Rahmen dieses Modelles kann man auch Probleme sachlich untersuchen, die häufig kontrovers und ideologisch durchsetzt diskutiert werden. Dies soll am Beispiel der unterschwelligen Wahrnehmung verdeutlicht werden (vgl. hierzu Behrens, 1976, S. 97 ff., und Koeppler, 1972).

Im Kapitel "Wahrnehmung von Werbebotschaften" wurde gezeigt, daß Formen und komplexe Bilder nicht als Gesamtheit wahrgenommen werden, sondern zunächst in charakteristische Merkmale zerlegt werden (Analyseprozeß), z. B. in Winkel, Linien, Kreise usw. Diese Elemente werden in einer weiteren Verarbeitungsstufe (Integrationsprozeß) zu Identifikationsmustern kombiniert, die den wahrgenommenen Gegenstand mehr oder weiger eindeutig repräsentieren. Dieser Prozeß wird durch Übung verbessert (Wahrnehmungslernen). Das (vom Organismus selbständig verfolgte) Ziel des **Wahrnehmungslernens** ist es, die Merkmalskombinationen (Identifikationsmuster) hervorzuheben (neurophysiologisch betrachtet: durch Verbesserung der entsprechenden Nervenschaltungen), die mit möglichst wenigen charakteristischen Merkmalen das wahrgenommene Objekt eindeutig bestimmen. Durch diesen Lernprozeß wird die Geschwindigkeit des Wiedererkennens erhöht.

Ein Getränk, das sich von den Konkurrenzprodukten äußerlich nur durch den Produktnahmen (relativ komplexes und schlecht wahrnehmbares Identifikationsmuster) abhebt, ist daher nicht so schnell wiederzuerkennen wie ein Getränk, das sich auch durch die Flaschenform (relativ einfaches und schnell wahrnehmbares Identifikationsmuster) eindeutig von Konkurrenzprodukten unterscheidet.

Die **einfachen** Identifikationsmuster von Gegenständen werden **vor** der bewußten Wahrnehmung dieser Gegenstände erregt, d. h. bevor wir ein Produkt bewußt wahrnehmen, wird der entsprechende Reiz analysiert und integriert. Wenn man die Wahrnehmung als einen Prozeß der kognitiven Informationsverarbeitung betrachtet, ist das selbstverständlich, denn das Bewußtsein ist das **Ergebnis** einer kognitiven Informationsverarbeitung, der Prozesse der Reizaufbereitung vorgelagert sein müssen. Diese Prozesse laufen jedoch so schnell ab, daß uns die bewußte Wahrnehmung als ein augenblickliches Bewußtwerden erscheint.

Unter bestimmten Bedingungen kann der kognitive Verarbeitungsprozeß zwischen der ersten Reizberührung und der bewußten Wahrnehmung unterbrochen werden, z. B. dann, wenn die Intensität der Reize nicht stark genug ist, um die kognitive Verarbeitung der Reize bis zur bewußten Wahrnehmung durchzuführen. Diese Bedingung kann künstlich durch kurzzeitiges (z. B. tachistoskopisches) Darbieten von Reizen erzeugt werden. Man wendet das bei der unterschwelligen Werbung an.

Zur Erläuterung dieser Technik soll ein von BYRNE (1959) durchgeführtes typisches Experiment beschrieben werden:

Zwei Gruppen wurden in diesem Experiment ein Kurzfilm von sechzehn Minuten Dauer gezeigt. Der Experimentiergruppe wurde alle sieben Minuten 1/200 Sekunde lang das Wort BEEF gezeigt, der Kontrollgruppe nicht. Bei der Auswertung der Ergebnisse zeigte sich, daß bei den Versuchspersonen der Experimentiergruppe, die das Wort BEEF unterschwellig wahrgenommen hatten, das **Hungergefühl** signifikant stärker gestiegen war als bei den Versuchspersonen der Kontrollgruppe. Es konnten aber **keine spezifischen Präferenzen** festgestellt werden, z. B. Hunger auf "Roast beef".

Wie sind diese Wirkungen, die auch durch andere Experimente nachgewiesen werden konnten, zu erklären?

Durch die kurzfristige Darbietung wurden einfache Identifikationsmuster des Wortes BEEF aktiviert. Die Intensität war aber nicht stark genug, um das Wort bewußt wahrzunehmen, d. h. die Versuchspersonen konnten das Wort nicht erkennen.

Die einfachen Identifikationsmuster sind keine bloßen Durchgangsstufen der kognitiven Informationsverarbeitung, sondern Speicherelemente, die mit Emotionen und Motiven konditioniert werden können. Es konnte gezeigt werden, daß Namen von Nahrungsmitteln schwach mit unspezifischen Hungergefühlen konditioniert sind. Durch die kurzzeitige Darbietung des Wortes BEEF wird das einfache Identifikationsmuster dieses Wortes vorbewußt aktiviert und somit das mit diesem Wort konditionierte Hungergefühl schwach erregt. Das Hungergefühl der Versuchspersonen konnte sich damit erhöhen, obgleich sie das Wort nicht bewußt wahrgenommen haben.

Zusammenfassung:

Unterschwellig können unspezifische Durst- und Hungergefühle angeregt werden, nicht aber das Bedürfnis nach bestimmten Marken. Daher hat die unterschwellige Werbung keine praktische Bedeutung. Außerdem ist zu beachten, daß sie im Vergleich zur "überschwelligen" Werbung nicht sehr wirksam ist.

4.3.2 Lernen durch Modelle

"Soziales Lernen" ist ein umfassender Begriff. Dazu gehört beispielsweise das Lernen von Umgangsformen, Gebräuchen, Sitten und Normen. Mit einfachen Lernmechanismen wie der operanten Konditionierung und dem Assoziationslernen kann nur der Erwerb einzelner Aspekte des sozialen Verhaltens erklärt werden. In seiner umfassenden Erscheinungsform geht das Lernen sozialer Verhaltensweisen auf komplexe Lernprozesse zurück. Solch ein komplexer Lernprozeß ist das Lernen durch Modelle. Dieser Lernprozeß soll näher erläutert werden. (Entnommen: Behrens, 1988, S. 218 ff.)

Die originalgetreue Nachahmung von Verhaltensweisen kann als die Grundform des Lernens durch Modelle aufgefaßt werden. Wir können davon ausgehen, daß der Mensch diese Fähigkeit bereits auf einer frühen Entwicklungsstufe besaß. Wie die anderen Formen des Lernens hat sich aber auch das Lernen durch Modelle im Laufe der Phylogenese weiterentwickelt. Dabei wurde es auch mit den höheren Abschnitten des Zentralnervensystems verknüpft.

Dadurch wird der Anteil der kognitiven Prozesse am Lernen durch Modelle erhöht. Außerdem entwickelte sich eine deutliche Trennung zwischen dem Lernaspekt (der kognitive Erwerb des Modellverhaltens) und dem Verhaltensaspekt (die nachahmende Ausführung des Modellverhaltens). Das Modellernen verselbständigte sich. Begrifflich muß daher zwischen Modellernen und Modellierung (Lernen durch Modelle) unterschieden werden. Anders ausgedrückt: Der Erwerb von Verhaltensprogrammen durch Modellbeobachtung verselbständigte sich. Das beobachtete Modellverhalten muß daher nicht unverändert ausgeführt werden. Es kann modifiziert, aber auch unterdrückt werden. Man erkennt, daß durch die Trennung neue Freiheitsgrade entstanden sind, die mehr Flexibilität ermöglichen.

Außerdem hat sich das Modellernen im Laufe der Entwicklung immer stärker von der unmittelbaren Modellbeobachtung gelöst, die zeitaufwendig und schlecht kontrollierbar ist. Dies drückt sich in der zunehmenden Bedeutung symbolischer Modelle aus, die eine besonders effiziente Weitergabe von Erfahrungen ermöglichen. Darunter ist folgendes zu verstehen: In vielen Situationen richten die Menschen ihr Verhalten nicht nach realen Vorbildern aus, sondern nach Modellen, die sie verbal oder bildlich wahrnehmen.

Es geht dabei auch nicht nur um das Lernen von Verhaltensweisen, sondern beispielsweise auch um die Bildung von Denkstrukturen, Konzepten, Wertsystemen, emotionalen Empfindungen u.a.m. Diese Entwicklung hat dazu beigetragen, die Grundfunktion des Lernens durch Modelle zu verbessern und auszuweiten, nämlich die Weitergabe von sozialen Informationen (Umgangsformen, Wertmaßstäben, emotionalen Empfindungen usw.). Diese Form der Informationsweitergabe ersetzt unmittelbare Erfahrungen, deren Erwerb mühsam und manchmal auch gefährlich ist.

Das Lernen durch Modelle erklärt allgemein das Entstehen sozialer Verhaltensweisen, speziell aber auch das Kauf- und Konsumverhalten, beispielsweise den Erwerb von Konsumnormen, Produktverwendungen, Schenkritualen, Reklamationsverhalten u.a.m.

Es ist versucht worden, das Modellieren durch verschiedene Theorien zu erklären. Beispielsweise wurden die Instinkttheorie, die Verstärkungstheorie, Mowrers Feedback-Theorie u.a.m. zur Erklärung herangezogen. Die Ergebnisse sind nicht befriedigend. Am überzeugendsten und am weitesten verbreitet ist die sozial-kognitive Theorie zur Erklärung des Lernens durch Modelle von Bandura (vgl. Bandura, 1976). Dieses Modell erlaubt die Integration zahlreicher Einflußfaktoren. Diesem Vorteil steht ein Nachteil gegenüber, den die meisten komplexen Modelle haben: Die Beziehungen sind größtenteils unbestimmt. Nur mit Vorbehalten können Hinweise auf die Werbegestaltung abgeleitet werden. Daher wird dieses Modell hier nicht näher beschrieben.

LITERATURHINWEISE
zum Kapitel "Lernen von Werbebotschaften"

Grundlagen:

Über die Bedingungen des Lernens gibt es viele Veröffentlichungen. Hier soll nur auf einige zusammenfassende Überblicke hingewiesen werden: Angermeier/Bednorz/Schuster (1984), Behrens (1973), Foppa (1970), Lefrancois (1986), Mednick/Pollio/Loftus (1977).

Zum Speichermodell:

Nähere Ausführungen zu den Grundlagen findet man bei Arbinger (1984) und Baddeley (1979). Behrens (1976, 1982 und 1988) hat mit diesem Modell die Wahrnehmung von Werbung untersucht.

Zum Lernen durch Modelle:

Zumkley-Münkel (1976) hat verschiedene theoretische Ansätze beschrieben. Mehrere Beiträge zu dem Modell von Bandura findet man in Bandura (1976).

KONTROLLFRAGEN
zum Kapitel "Lernen von Werbebotschaften"

26 Viele Mißerfolge in der Werbung sind darauf zurückzuführen, daß Vergessenswirkungen falsch eingeschätzt werden. Erläutern Sie das an den folgenden Vergessensfaktoren:
a) Interferenzen,
b) selektives Lernen

27 Nennen Sie Beispiele für massives Lernen.

28 In der Werbewirkungsforschung werden Responsefunktionen häufig lerntheoretisch erklärt und interpretiert.
(a) Welchen Zusammenhang beschreiben Responsefunktionen?
(b) Welche Probleme sind bei der lerntheoretischen Interpretation der Responsefunktion zu beachten?

29 Vergleichen Sie den lerntheoretischen Begriff "diskriminierender Stimulus" mit dem attributtheoretischen Begriff "charakteristisches Merkmal".

30 Durch Werbeveranstaltungen versucht man u. a., die emotional positive Einschätzung eines Produktes zu verbessern.
(a) Erklären Sie diesen Lernprozeß.
(b) Stellen Sie den Bezug zwischen Reflexlernen und dem Lernen von Emotionen her.
(c) Der oben beschriebene Lernprozeß wird nicht immer so deutlich sichtbar, wie es nach der Lerntheorie anzunehmen wäre. Welche Gründe kann man dafür anführen?

31 Es wird behauptet: "Grundsätzlich leiten Werbebotschaften stets einen Prozeß der operanten Konditionierung ein".
(a) Begründen Sie diese Behauptung.
(b) Warum wird dieser Lernprozeß nur in einer sehr schwachen Form (häufig gar nicht) wirksam?

32 Erläutern Sie die Bedeutung des assoziativen Lernens in der Werbung.

33 Welche Bedeutung hat das Wiedererkennungslernen für die Werbung?

34 Über unterschwellige Werbung wird viel diskutiert.
a) Kann es unterschwellige Werbung aus wahrnehmungspsychologischer Sicht geben?
b) Welche praktische Bedeutung hat die unterschwellige Werbung?

35 Lernen durch Werbung ist häufig ein Lernen durch Modelle. Nennen Sie Werbewirkungen der Modellierung.

5 LÖSUNGSHINWEISE ZU DEN KONTROLLFRAGEN

1

In der Aufgabe geht es darum, den Modellrahmen in Abb. 2 zu erläutern. Es können beliebige Markenartikel genommen werden. Hierfür werden Kommunikationsformen beschrieben, z.b. die Werbung zwischen Hersteller und Händler, die persönlichen Gespräche der Konsumenten über das Produkt, die Werbung des Handels u.a.m. Es ist nicht schwierig, dabei alle Elemente des Modells zu berücksichtigen. Es sollte aber auch versucht werden, das Modell zu ergänzen, beispielsweise können die Werbeagenturen und die Beziehungen zwischen Hersteller und Werbeagentur eingefügt werden.

2

Über Produkte gibt es auch kritische Berichte: Warentests, Erfahrungsberichte, redaktionelle Beiträge. Der Handel kann unabhängig vom Hersteller Werbeaktionen durchführen. In Filmen und Berichten können Produkte in unerwünschten Zusammenhängen gezeigt werden.

3

Hersteller möchten ihre Marke in den Mittelpunkt rücken. Der Handel konzentriert sich auf das Sortiment. Der Hersteller beeinflußt die Profilierung der Marke im Vorfeld der Kaufentscheidung. Händler möchten die Kaufbereitschaft im Verkaufsraum erhöhen. Der Hersteller strebt eine maximale Reichweite an. Die Interessen des Händlers sind auf das Einzugsgebiet beschränkt. Der Hersteller möchte Markentreue, der Händler Einkaufsstättentreue.

4

Im Sport und in der Kunst ist Sponsoring verbreitet. Sponsoring ist aber auch in anderen Bereichen möglich: Gesundheitswesen, Umwelt, Sozialwesen, Forschung. Produktplacement ist in verschiedenen Medien denkbar - allgemein bei der Ausstattung öffentlichkeitswirksamer Veranstaltungen. Sonderformen der Werbung im Fernsehen können entwickelt werden (wie z.B. "Glücksrad" und "Mit Marken gewinnen").

5

Bei Verkehrsunfällen können in der kurzen Zeitspanne des Unglücks objektiv nur Situationsausschnitte wahrgenommen werden. Die Situation wird aber als Gesamtsituation bewußt. Teile der bewußten Wahrnehmung werden - unbewußt - ergänzt. Diese Ergänzungen können unterschiedlich sein. Es überrascht daher nicht, daß verschiedene Augenzeugen den gleichen Unfall unterschiedlich wahrnehmen. Als Zeugen machen sie dann auch unterschiedliche Aussagen.

Ergänzungen finden auch bei der flüchtigen Wahrnehmung von Werbebotschaften statt. Dies können falsche Ergänzungen sein. Dadurch entstehen beispielsweise Markenverwechslungen.

6

KONTEXTABHÄNGIG: In der Nacht werden Geräusche anders wahrgenommen als am Tage. AKTIV: Vgl. hierzu Kontrollfrage 5. SELEKTIV: Eine Mutter hört aus vielen Kinderstimmen die Stimme ihres eigenen Kindes besser heraus, als das andere Personen könnten.

7

Hochentwickelte, komplizierte Lebewesen haben sich im Laufe ihrer phylogenetischen Entwicklung durch Selektion und Mutation (spontan auftretende Veränderungen des Erbgutes) aus einfachen Lebewesen entwickelt. Die Selektion erfolgt dabei so, daß die Überlebenschancen der Art erhöht werden. Das wird erreicht, indem u. a. die sensorischen Systeme an die Umwelt besser angepaßt werden, d. h. es werden die Umweltreize besser aufgenommen, die für die Arterhaltung die größte Bedeutung haben. So wurde das menschliche Ohr z. B. auf die Frequenzen der Sprache eingestellt. Das ist eine Voraussetzung für die gute Kommunikation, die ein wesentlicher Grund für die menschliche Überlegenheit über tierische Lebewesen ist.

8

Es können drei Selektionsgrundsätze unterschieden werden, die dazu führen, daß aus der Menge der Umweltreize nur ein kleiner, aber relevanter Bereich bewußt wahrgenommen wird. Man kann sich die Wirkungsweise bildlich als einen Selektionstrichter vorstellen (vgl. folgende Abb.).

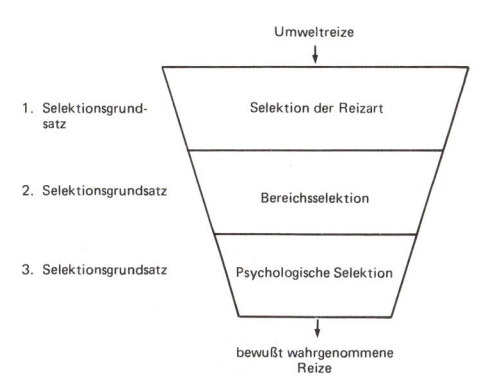

	Umweltreize ↓
1. Selektionsgrundsatz	Selektion der Reizart
2. Selektionsgrundsatz	Bereichsselektion
3. Selektionsgrundsatz	Psychologische Selektion
	↓ bewußt wahrgenommene Reize

1. Selektionsgrundsatz:
   Es werden bevorzugt die Rezeptoren entwickelt, die für das Lebewesen am informativsten sind (Selektion der Reizart).
2. Selektionsgrundsatz:
   Die Rezeptoren werden bevorzugt so entwickelt, daß die **relevante** Bandbreite der verschiedenen Reize wahrgenommen wird (Bereichsselektion).
3. Selektionsgrundsatz:
   Es werden bevorzugt die Reize der relevanten Bandbreite kognitiv verarbeitet, die subjektiv wichtig sind (psychologische Selektion).

9

Zu (a): Der Aufmerksamkeitswert eines Werbemittels variiert mit der Quadratwurzel seiner Größe:

$R_Q = k \cdot \sqrt{S}$ R_Q: Aufmerksamkeitswert
S: normierte Anzeigengröße
(1 entspricht einer ganzseitigen Anzeige)
k: Konstante, die den Wurzelausdruck in gängige Maßeinheiten transformiert (meistens k = 100).

Zu (b): Das Quadratwurzelgesetz der Aufmerksamkeit entspricht dem psychophysischen Exponentialgesetz mit dem Exponenten n = 1/2. ($R = kS^{1/2} = k \cdot \sqrt{S}$)

Zu (c): Es gibt mehrere Gründe, die gegen eine psychophysische Interpretation des Quadratwurzelgesetzes sprechen. Zwei sollen hervorgehoben werden:

- Die Meßwerte sind unterschiedlich: Bei den psychophysischen Untersuchungen wird die **Beurteilung** physikalischer Größen erfragt, bei den empirischen Untersuchungen zum Quadratwurzelgesetz werden **Erinnerungswerte** erfragt.
- Die zu beurteilenden Reize unterscheiden sich wesentlich voneinander: Bei den psychophysischen Untersuchungen werden **quantitative** Reize verwendet (z. B. Gewichte, Längen, Flächen), deren Beurteilung kaum durch psychische Variablen beeinflußt wird. Bei den empirischen Untersuchungen zum Quadratwurzelgesetz werden **qualitative** Reize verwendet (Anzeigen), deren Beurteilung stark durch psychische (z. B. Kenntnisse, Interessen) und inhaltliche Variablen (z. B. Neuigkeit, Widersprüchlichkeit) beeinflußt werden.

10

Durch die Wahrnehmungsverzerrung wird die objektive Preisdifferenz subjektiv vergrößert. Preise unterhalb von runden Preisen werden daher preiswürdiger wahrgenommen, als sie objektiv sind.

11

Zu (a): Mit "prägnant" wird das Erscheinungsbild von Formen bezeichnet, die sich auffallend vom Umfeld abheben. Es werden eine Reihe von Bedingungen formuliert, unter denen eine Figur prägnant erscheint. Die für die Werbepsychologie wichtigsten sind:

- Einfachheit,
- Einheitlichkeit,
- Kontrast zum Umfeld.

Es spricht viel dafür, daß diese Bedingungen auf den Gestaltungsprozeß und den Prozeß der Figur-Grund-Differenzierung zurückzuführen sind.

Zu (b): Prägnante Figuren werden schnell und eindeutig erkannt. In der Werbung kommt es darauf an, bestimmte Elemente der Anzeigen (z. B. Produktnamen, Slogan) so zu gestalten, daß sie schnell und eindeutig erkannt werden, d. h. sie müssen prägnant dargestellt werden.

12

Zu (a): Nach der Schablonentheorie wird der gerade wahrgenommene Gegenstand in seiner Gesamtheit mit einem kognitiven Repräsentanten verglichen, den man sich als "Kopie" des objektiven Gegenstandes vorstellen kann.

Nach der Attributtheorie werden nur charakteristische Merkmale der wahrgenommenen Gegenstände kognitiv verarbeitet, nicht genaue Abbilder von ihnen.

Zu (b): nach der Schablonentheorie kommt es beim Wiedererkennen nur auf den Gesamteindruck an. Das entspricht nicht den Erfahrungen. Nach der Attributtheorie kommt es darauf an, daß ein Gegenstand (z. B. ein Produkt), der schnell und eindeutig wiedererkannt werden soll, durch möglichst einfache charakteristische Merkmale gekennzeichnet wird.

13

Zu (a): Es müssen eindeutige Identifikationsmuster gebildet werden. Ein Markenzeichen darf z. B. nicht nur durch den Inhalt eine Abgrenzung zu anderen Zeichen erfahren; gleichgewichtig ist auch eine physikalische Abgrenzung notwendig. Außerdem ist der Einfluß bestehender Identifikationsmuster bei der Auswahl der Schriftart zu beachten. In der Regel werden normale Schnitte (Schrifttypen) von häufig verwendeten Grundschriften am schnellsten gelesen, weil der Leser sich hieran gewöhnt hat, d. h. hiervon sind optimale Identifikationsmuster gebildet worden.

Zu (b): Beim flüchtigen Lesen von Wörtern werden nur einige Wortkonturen (wenige charakteristische Merkmale der Wortgestalt) wahrgenommen. Der Rest wird ergänzt. Dabei kann es vorkommen, daß von zwei ähnlichen Wörtern (z. B. Produktnamen) nur gemeinsame charakteristische Merkmale wahrgenommen werden. Dann kommt es zu Verwechslungen. In der Regel wird unter diesen Bedingungen der bekanntere (Produkt-) Name bewußt.

14

Sie behandeln nur einige (häufig nur zwei) linguistische Faktoren und nicht immer die wichtigsten. Bei der Anwendung auf deutsche Texte muß außerdem beachtet werden, daß viele Verständlichkeitsformeln für englische Texte entwickelt wurden.

15

Dieser Slogan besteht aus zwei Sinneinheiten. Es müssen also zwei Zeilen gebildet werden. Es kann sinnvoll sein, die Kernwörter (Fleisch, Lebenskraft) hervorzuheben. Daraus ergibt sich folgender Vorschlag.

Fleisch ist

ein Stück **Lebenskraft**.

16

Zu (a): Personen werden nicht in ihrer Gesamtheit wahrgenommen. Es werden nur charakteristische Merkmale von ihnen kognitiv verarbeitet, z. B. Merkmale des Gesichtsausdrucks, der Gesten, der Haltung u. a. m. Von diesen Merkmalen werden einige als Indikatoren für bestimmte Emotionen und Persönlichkeitseigenschaften psychisch wirksam.

Zu (b): Bei der Darstellung von Personen in Werbeanzeigen muß darauf geachtet werden, daß diese Personen durch Hervorhebung der entsprechenden charakteristischen Merkmale von den Werbeempfängern im Sinne der konzeptionellen Zielsetzung wahrgenommen werden. Zu einem entschlossenen Abenteurertyp paßt z. B. kein leicht geöffneter Mund mit vollen Lippen.

17

Die Aufmerksamkeit darf nicht einfach durch ein Hintergrundbild der Anzeige gebunden werden. Die Wahrnehmung der Werbebotschaft ist entscheidend. Es kommt häufig vor, daß Personen sich an das Hintergrundbild einer Anzeige erinnern, aber nicht an das Produkt und die Werbeaussage. Die Anzeige muß so gestaltet werden, daß der Blick auch auf das Produkt und die Werbebotschaft gelenkt wird.

18

Hierfür gibt es mehrere Argumente. Bilder werden beispielsweise schneller als Texte erfaßt, d.h. bei Informationsüberlastung eher wahrgenommen. Bilder aktivieren in der Regel stärker, d.h. bei geringem Informationsinteresse werden Bildinformationen eher wahrgenommen und gelernt.

19

Zu (a): Farbe kann die Aufmerksamkeitswirkung erhöhen. Das gilt sowohl für einzelne Farben als auch für die farbliche Darstellung insgesamt. Es konnte z. B.

nachgewiesen werden, daß farbige Anzeigen in der Regel stärker beachtet werden als schwarz-weiße Anzeigen.

Zu (b): Es sollen vor allem zwei Funktionen der Farben hervorgehoben werden:
- **Anmutungsqualitäten** können durch entsprechende Farben verstärkt werden (vgl. Abb. 25).
- Die **Bewertung** bestimmter Eigenschaften wird durch Farben unterstützt, z. B. die Kühlkraft eines Kühlschrankes durch eine weißblaue Innenfarbe.

20

Bei farbigen Wurstabbildungen verändert häufig ein kleiner Farbfehler die Wahrnehmung so, daß statt der "frischen Wurst" (positive Bewertung) eine "blutige Wurst" (negative Bewertung) wahrgenommen wird und damit die Werbewirkung beeinträchtigt.

21

Wenn Urlaubsstimmung erzeugt werden soll, muß das Tempo relativ hoch sein. Durch ein Samba-Schema wird die Musik dynamischer, temperamentvoller und freundlicher. Kastagnetten können unmittelbar Erinnerungen an Spanien hervorrufen.

22

Sex in der Werbung aktiviert, wirkt aber auf viele abstoßend. Unter diesen Bedingungen kann die Werbung nicht erfolgreich sein.

23

- Sanitärartikel werden meistens sachlich präsentiert. Besser - zumindest im Hochpreissegment - ist die Präsentation in einem Erlebnisumfeld, z.B. unter dem Leitgedanken "Erlebte Wohnkultur im Bad". Das Produkt wird dabei im Zusammenhang mit Wohlbehagen, Gemütlichkeit, Geborgenheit und anderen geeigneten Erlebnisqualitäten gezeigt (ausführliche Darstellung in: Konert, 1986, S. 192 ff.).
- Erlebnisorientierte Werbung aktiviert und erhöht dadurch die Lernleistung. Außerdem kann man in die erlebnisorientierte Werbung relativ leicht Produktaussagen integrieren.

24

Die in einer Boutique erzeugte angenehme Stimmung fördert alle Formen der Hinwendung, Offenheit und Bereitschaft zum Handeln. Die Besucher lassen sich anregen. Dabei werden bevorzugt positive Aspekte wahrgenommen.

25

Auf vielen Märkten haben wir es mit technisch gleichwertigen Produkten zu tun. Unter diesen Bedingungen wird versucht, die emotionale Komponente der Produktwahrnehmung zu verändern. Beispielsweise wird versucht, den Prestigewert anzuheben, die Anmutungsqualität zu verbessern oder das Image deutlicher zu profilieren. Dies sind Formen der psychologischen Produktdifferenzierung.

26

Zu (a): In der Werbung treten häufig Interferenzen (Störungen durch ähnliche Stimuli) auf, da es viele Ähnlichkeiten bezüglich Produkteigenschaften, Anzeigenmotive, Anzeigenaufbau usw. gibt.

Zu (b): Wichtiges wird bevorzugt vom KZS in den LZS übertragen (selektives Lernen). Das führt zu einem differenzierten Lernen von Werbeinhalten, d. h. die Hintergrundabbildungen werden häufig gut gelernt, aber nicht die dazugehörigen Produktnamen. Unter diesen Bedingungen können keine positiven Werbewirkungen erzielt werden.

27

Beispielsweise soll der Erinnerungswert für Produkte vor Weihnachten für das Weihnachtsgeschäft hoch sein. Dies wird durch massive Werbung erreicht. Entsprechendes gilt für Wahlen. Vor Wahlen wird massiv für Parteien geworben, um sie im Bewußtsein zu verankern.

28

Zu (a): In Responsefunktionen (man spricht auch von "Kontaktbewertungs-" und "Werbewirkungsfunktionen") wird die errechnete Zahl von Kontakten zwischen Werbebotschaft und Werbeempfänger zu einem Lernmaß (meistens einem Erinnerungswert) in Beziehung gesetzt.

Zu (b): Bei der lerntheoretischen Interpretation dieser Funktionen sind vor allem vier Probleme zu beachten:

- **Zeitproblem:** Die ermittelte Funktion ist die Resultante aus Lern- und **Vergessensprozessen.**

- **Aggregationsproblem:** Die Responsefunktion bezieht sich auf Gesamtheiten, in der Psychologie versteht man unter "Lernen" aber in der Regel einen individualpsychologischen Prozeß.

- **Zuordnungsproblem:** Der Verlauf der Responsefunktion wird nicht nur von der Kontaktzahl beeinflußt.

29

"Diskriminierende Stimuli" **können** gleichzeitig "charakteristische Merkmale" sein, die das eindeutige und schnelle Wiedererkennen von Objekten erleichtern bzw. ermöglichen. In der Regel sind diskriminierende Stimuli aber komplexe Reize (z. B. Schriftzeichen, Aufkleber), von denen bei der Wahrnehmung Identifikationsmuster (eine geordnete Menge von charakteristischen Merkmalen) gebildet werden.

30

Zu (a): Durch das Programm der Werbeveranstaltung werden positive Emotionen ausgelöst. In diesem Rahmen wird das neue Produkt gezeigt, d. h. das Produkt wird zuammen mit Stimuli gezeigt, die positive Emotionen (Reflexe, vgl. zu (b)) auslösen. Unter diesen Bedingungen wird entsprechend den Regeln der klassischen Konditionierung das Produkt in abgeschwächter Form mit Emotionen verknüpft, die vorher nur durch das Programm der Werbeveranstaltung ausgelöst wurden.

Zu (b): Emotionen treten stets zusammen mit Reflexen auf. Man kann annehmen, daß Reflexe eine physiologische Basis der Emotionen sind. Dafür sprechen auch die Ergebnisse mehrerer Experimente, in denen gezeigt werden konnte, daß Emotionen wie Reflexe gelernt werden.

Zu (c): Es sollen drei Gründe hervorgehoben werden:

- Die gelernte Emotion ist häufig so schwach, daß sie nicht gemessen werden kann.
- Der untersuchte Lernprozeß wird häufig von anderen Lernprozessen überlagert.
- Der untersuchte Lernprozeß wird häufig durch Störfaktoren erheblich geschwächt.

31

Zu (a): Werbebotschaften versprechen in der Regel eine Belohnung (z. B. Prestige, Problemlösung) bei Verwendung eines Produktes. Durch die Belohnung wird entsprechend den Regeln der operanten Konditionierung die Wahrscheinlichkeit für den Kauf des Produktes erhöht.

Anmerkung: Die Bedingungen der operanten Konditionierung beziehen sich in ihrer ursprünglichen Form auf tatsächlich ausgeführte Reaktionen und Belohnungen. Sie werden aber auch, wie in diesem Beispiel, auf gedankliche antizipierte Reaktionen und Belohnungen entsprechend angewendet.

Zu (b): Es sollen drei Gründe hervorgehoben werden:

- Versprechungen in der Werbung sind häufig unwirksam, weil sie unglaubwürdig sind.
- Die Wirksamkeit der Werbestimuli wird durch Konkurrenzwerbung geschwächt.
- Die Wirksamkeit verbaler Stimuli hängt von der - häufig sehr unterschiedlichen - Interpretation dieser Stimuli ab.

32

Die Verstärkung assoziativer Verknüpfungen durch Werbung ist eine besonders einfache und robuste Lernbedingung. Sie ist auch unter ungünstigen Rahmenbedingungen wirksam, z.B. bei der flüchtigen Wahrnehmung. Es ist anzunehmen, daß das Lernen beim flüchtigen Wahrnehmen von Werbeanzeigen auf solche assoziativen Verknüpfungen zurückzuführen ist. Dabei wird normalerweise zunächst das Produkt mit Kerninhalten der Werbebotschaft verknüpft. Dadurch erhält es eine erweiterte Bedeutung. Diese Bedeutung wird unter günstigen Bedingungen in die subjektive Erfahrungswelt der Werbeempfänger eingeordnet (vgl. Behrens, 1984, S. 696 ff.).

33

Das Wiedererkennungslernen ist eine Voraussetzung für das Eigenschaftslernen, und das Wiedererkennen von Produkten ist eine Voraussetzung dafür, daß beim Anblick von Produkten bestimmte Produkteigenschaften bewußt werden. Dagegen sagt das Wiedererkennen von Produkten kaum etwas über die Wertschätzung dieser Produkte aus. Daher kann man mit Hilfe der Wiedererkennungsmethode auch keine inhaltliche Werbewirkung erfassen. (Häufig werden aber die durch die Wiedererkennungsmethode ermittelten Ergebnisse in diesem Sinne interpretiert.)

34

Zu (a): Nur ein Teil der wahrgenommenen Stimuli wird bewußt. Im vorbewußten Bereich sind Stimuli aber nicht unwirksam, sie können dort u. a. unspezifische Emotionen und Motive auslösen. Es ist denkbar, daß es werbliche Darbietungsformen gibt, bei denen Reize nur vorbewußt wahrgenommen werden. Diese Reize können unspezifische Emotionen und Motive auslösen. Unterschwellige Werbung ist also theoretisch vorstellbar und gilt experimentell als nachgewiesen.

Zu (b): Gegen die praktische Anwendung der unterschwelligen Werbung sprechen z. B. folgende Gründe:

- Unterschwellig kann nicht für bestimmte Marken geworben werden.
- Die unterschwellige Werbung ist im Vergleich zur überschwelligen Werbung relativ unwirksam.

35

- Im einfachsten Fall wird das Konsumverhalten von Vorbildern in der Werbung nachgeahmt, die eine starke Ausstrahlung und Überzeugungskraft haben. Die direkte Nachahmung kommt nicht so häufig vor.

- Dagegen wird die Akzeptanz häufig durch geeignete Modelle erhöht. Mehr bewußt als unbewußt prägt sich ein: Das Produkt wird von Personen benutzt, deren Auftreten und Lebensstil ich gut finde.

6 LITERATUR- UND QUELLENVERZEICHNIS

Angermeier, W.F./Bednorz, P./Schuster, M. (1984): Lernpsychologie, München

Arbinger, R. (1984): Gedächtnis, Darmstadt

Argyle, M. (1979): Körpersprache und Kommunikation, Paderborn

Arnold, W./Eysenck, H.J./ Meili, R. (Hrsg.) (1976): Lexikon der Psychologie, Freiburg

Baddeley, A.D. (1979): Die Psychologie des Gedächtnisses, Stuttgart

Bandura, A. (1976): Lernen am Modell, Stuttgart

Behrens, G. (1973): Lernen - Grundlagen und Anwendungen auf das Konsumentenverhalten, in: Kroeber-Riel, W. (Hrsg.) (1973), S. 83 ff.

Behrens, G. (1976): Werbewirkungsanalyse, Opladen

Behrens, G. (1982): Das Wahrnehmungsverhalten der Konsumenten, Frankfurt

Behrens, G. (1984): Kommunikative Beeinflussung durch emotionale Werbeinhalte, in: Mazanec, J./Scheuch, F. (Hrsg.) (1984), S. 687 ff.

Behrens, G. (1988): Konsumentenverhalten, Heidelberg

Behrens, G./Hinrichs, A. (1986): Werben mit Bildern - Zum Stand der Bildwahrnehmungsforschung, in: Werbeforschung und Praxis, Nr. 3, S. 85 ff.

Bekmeier, S. (1989): Nonverbale Kommunikation in der Fernsehwerbung, Heidelberg

Brown, R./Herrnstein, R.J. (1984): Grundriß der Psychologie, Berlin

Bruhn, H./Oerter, R./ Rösing, H. (Hrsg.) (1985): Musikpsychologie - Ein Handbuch in Schlüsselbegriffen, München

Byrne, D. (1959): The Effect of Subliminal Food Stimulus on Verbal Responses, in: Journal of Applied Psychology, 43/1959, S. 249 ff.

Clauss, G./et al. (1976): Wörterbuch der Psychologie, Köln

Cofer, C.N. (1975): Motivation und Emotionen, München

Drever, J./Fröhlich, W.D. (1972): Wörterbuch zur Psychologie, München

Dröge, F./Weißenborn, R./Haft, H. (1973): Wirkungen der Massenkommunikation, Frankfurt

Farnsworth, P.R. (1976): Sozialpsychologie der Musik, Stuttgart

Foppa, K. (1970): Lernen, Gedächtnis, Verhalten, Köln

Frieling, H. (1988): Mensch und Farbe, München

Gibson, J.J. (1982): Wahrnehmung und Umwelt, München

Groeben, N. (1982): Leserpsychologie: Textverständnis - Textverständlichkeit, Münster

Hajos, A. (1972): Wahrnehmungspsychologie, Stuttgart

Heckhausen, H. (1980): Motivation und Handeln, Berlin

Heller, E. (1989): Wie Farben wirken - Farbpsychologie, Farbsymbolik, kreative Farbgestaltung, Reinbek

Hoffmann, H.J. (1976): Psychologie und Massenkommunikation, Berlin

Hofstätter, P.R. (Hrsg.) (1971): Das Fischer Lexikon: Psychologie, Frankfurt

Holzkamp, K. (1973): Sinnliche Erkenntnis - Historischer Ursprung und gesellschaftliche Funktion der Wahrnehmung, Frankfurt

Hurvich, L.M./ Jameson, D. (1966): Theorie der Farbwahrnehmung, in: Metzger, W. (Hrsg.) (1966), S. 131 ff.

Huth, R./Pflaum, D. (1988): Einführung in die Werbelehre, 3. Aufl., Stuttgart

Issing, L.J./ Hannemann, J. (Hrsg.) (1983): Lernen mit Bildern, Berlin

Izard, C.E. (1981): Die Emotionen des Menschen, Weinheim

Jacobi, H. (1972): Werbepsychologie, 2. Aufl., Wiesbaden

Klammer, M. (1989): Nonverbale Kommunikation beim Verkauf, Heidelberg

Knapp, M. (1972): Nonverbal Communication in Human Interaction, New York

Koeppler, K. (1972): Unterschwellig wahrnehmen, Stuttgart

Konert, F.J. (1986): Vermittlung emotionaler Erlebniswerte, Heidelberg

Kroeber-Riel, W. (Hrsg.) (1973): Konsumentenverhalten und Marketing, Opladen

Kroeber-Riel, W. (1983): Wirkung von Bildern auf das Konsumentenverhalten - Neue Wege der Marketingforschung, in: Marketing - ZFP, Heft 5, S. 153 ff.

Kroeber-Riel, W. (1984): Konsumentenverhalten, 3. Aufl., München

Kroeber-Riel, W. (1988): Strategie und Technik der Werbung, Stuttgart

Langer, I./Schulz von Thun, F./Tausch, R. (1974): Verständlichkeit in Schule, Verwaltung, Politik, Wissenschaft - mit einem Selbsttrainingsprogramm zur Darstellung von Lehr- und Informationstexten, München

Lefrancois, G.R. (1986): Psychologie des Lernens, 2. Aufl., Berlin

Leontjew, A.N. (1973): Probleme der Entwicklung des Psychischen, Frankfurt

Lindsay, P.H./ Norman, D.A. (1973): An Introduction to Psychology, New York

Lindsay, P.H./ Norman, D.A. (1981): Einführung in die Psychologie, Berlin

Mazanec, J./ Scheuch, F. (Hrsg.) (1984): Marktorientierte Unternehmensführung, Wien

Mednick, S.A./ Pollio, H.R./ Loftus, E.F. (1977): Psychologie des Lernens, 2. Aufl., München

Metzger, W. (1975): Gesetze des Sehens, 3. Aufl., Frankfurt

Metzger, W. (Hrsg.) (1966): Handbuch der Psychologie, Bd. I, 1. Halbband: Wahrnehmung und Bewußtsein, Göttingen

Neisser, U. (1974): Kognitive Psychologie, Stuttgart

Rogge, H.J. (1988): Werbung, Ludwigshafen

Rohracher, H. (1987): Einführung in die Psychologie, 13. Aufl., Wien

Rosenstiel, L. von/Neumann, P. (1982): Einführung in die Markt- und Werbepsychologie, Darmstadt

Sarris, V. (1971): Wahrnehmung und Urteil, Göttingen

Schenk, M. (1987): Medienwirkungsforschung, Tübingen

Schmalen, H. (1985): Kommunikationspolitik, Stuttgart

Schmidt, R.F. (1983): Medizinische Biologie des Menschen, München

Schmidt-Atzert, L. (1981): Emotionspsychologie, Stuttgart

Schneider, K./Schmalt, H.D. (1981): Motivation, Stuttgart

Schulz von Thun, F. (1975): Verständlich informieren, in: Psychologie Heute, 2/1975, Heft 5, S. 42 ff.

Schuster, M./Woschek, B.P. (Hrsg.) (1989): Nonverbale Kommunikation durch Bilder, Stuttgart

Schweiger, G./Schrattenecker, G. (1989): Werbung, 2. Aufl., Stuttgart

Sixtl, F. (1982): Meßmethoden der Psychologie, 2. Aufl., Weinheim

Staats, C.K./Staats, A.W. (1957): Meaning Established by Classical Conditioning, in: Journal of Experimental Psychology, 54/1957, S. 74 ff.

Stadler, M./Seeger, F./Raeithel, A. (1977): Psychologie der Wahrnehmung, 2. Aufl., München

Starch, D. (1966): Anzeigenwirkung richtig planen und messen, München

Steffenhagen, H. (1984): Kommunikationswirkung - Kriterien und Zusammenhänge, Hamburg

Stevens, S.S. (Hrsg.) (1951): Mathematics, Measurement, and Psychophysics, in: Stevens, S.S. (Hrsg.) (1951b), S. 1 ff.

Stevens, S.S. (Hrsg.) (1951b): Handbook of Experimental Psychology, New York

Teigeler, P. (1968): Verständlichkeit und Wirksamkeit von Sprache und Text, Stuttgart

Tietz, B./Zentes, J. (1980): Die Werbung der Unternehmung, Reinbek

Ulich, D. (1982): Das Gefühl, München

Weinberg, P. (1986): Nonverbale Marktkommunikation, Heidelberg

Wittling, W. (1976): Einführung in die Psychologie der Wahrnehmung, Hamburg

Wüsthoff, K. (1978): Die Rolle der Musik in Film-, Funk- und Fernsehwerbung, Berlin

Zumkley-Münkel, C. (1976): Imitationslernen, Düsseldorf

7 STICHWORTVERZEICHNIS

A

Aktivierung 59 f.
Anmutungsqualität 48
Ansprüche 63
Anzeigengröße 21
Assimilationseffekt 22
Assoziationen 80
Assoziationsvermittler 81
Attributtheorie 28

B

bedingter Reflex 75
bedingter Stimulus 75
Bedürfnisse 63
Belohnung 78
Bildverarbeitung 46
Bildwahrnehmung 45
Blickfänge 17

D

Diskrimination 29, 73

E

emotionale Differenzierung 64
Emotionen 42, 61, 75
emotive Informationsverarbeitung 63
Exponentialgesetz 19 f.

F

Farbwahrnehmung 48
Fechnersches Gesetz 19
Figur-Grund-Differenzierung 24
Flesch-Formel 38

G

Generalisation 74
generalisierte Verstärker 79
Gesetz der "guten Gestalt" 25
Gesetz der Ähnlichkeit 25
Gesetz der Geschlossenheit 25
Gesetz der Kontinuität 25
Gesetz der Nähe 24
Gestaltbildung 24
Grundmodell der Kommunikation 9

I

Identifikationsmuster 35 f.
Interferenzen 67
intermittierende Verstärkung 79
intervenierende Variablen 72

K

Kippfigur 24
Klassische Konditionierung 62, 74
kognitive Informationsverarbeitung 63
Kommunikationsprozeß 9
Kommunikative Symbole 41
kontinuierliche Verstärkung 79
Kontrasteffekt 22
Kurzzeitspeicher 82

L

Langzeitspeicher 82, 84
Lernen 66
Lernen durch Modelle 88
Lernen von Werbebotschaften 85
Lernkurven 69

M

Motivation 62
Musikwahrnehmung 52

O

operante Konditionierung 77

P

Personenwahrnehmung 40
Persönlichkeitsmerkmale 44
positive Verstärkung 78
positiver Verstärker 78

Prägnanz 26
Preise 23
primäre Verstärker 79

Q

Quadratwurzelgesetz 20
Quotenverstärkung 79

R

Reflexe 74
Responsefunktion 71

S

Satzwahrnehmung 35
Schablonentheorie 27
sekundäre Verstärker 79
semantische Generalisation 74
Shaping-Technik 80
Sinneseigenschaften von Farben 50
soziales Lernen 88
Speichermodell 82
Stufen der Werbung 10

T

Textwahrnehmung 36

U

unbedingter Reflex 75
unbedingter Stimulus 75
unterschwellige Wahrnehmung 87
unterschwellige Werbung 87

V

Vergessen 67
Vergessensfunktionen 67
Verständlichkeit 37
visueller sensorischer Speicher 82

W

Wahrnehmung 14
Wahrnehmungsgeneralisation 74
Wahrnehmungsselektion 14

Wahrnehmungsverzerrungen 18
Werbedruck 10
Werbeempfänger 9 f.
Werbesender 9 f.
Werbeträger 10
Werbewirkungsfunktion 71
Wiedererkennen 27
Wortwahrnehmung 35

Z

Zeitintervallverstärkung 79

Stand: Februar 1991

PROGRAMM

1	Kühn, METHODENLEHRE STATISTIK, 4. Auflage 1987	14.80
2	Kühn, ÜBUNGSBUCH ZUR STATISTIK, 4. Auflage 1990	14.80
3	Ölschläger (Hg.), MATHEMATIK FÜR WIRTSCHAFTSWISSENSCHAFTLER, 3. Auflage 1983	19.80
4	Wendt-Nordahl, EINFÜHRUNG IN DIE BWL, 1. Auflage 1985	14.80
5	Hornig, BUCHHALTUNG, 2. Auflage 1986	19.80
6	Hornig, ÜBUNGSBUCH ZUR BUCHHALTUNG, 2. Auflage 1989	14.80
7	Graf, INVESTITION, 4. Auflage 1981	12.80
8	Ölschläger/Petersen, FINANZIERUNG, 5. Auflage 1990	18.80
9	Hornig, KOSTENRECHNUNG I, 1. Auflage 1985	18.80
10	Ölschläger/Lodwitz, BILANZEN, 7. Auflage 1989	19.80
11	Hornig, ÜBUNGSBUCH ZUR KOSTENRECHNUNG, 2. Auflage 1986	14.80
12	Pesch, GRUNDZÜGE DES MARKETING, 4. Auflage 1988	18.80
13	Lex, PRODUKTIONS- UND KOSTENTHEORIE, 3. Auflage 1984	16.30
14	Krycha, MATERIALWIRTSCHAFT, 1. Auflage 1986	24.80
15	Pusch/Gipp, EINFÜHRUNG EDV, 3. Auflage 1981	18.80
16	Schrafstetter, ORGANISATION, 3. Auflage 1989	34.80
17	Krycha, KLEINES BETRIEBSWIRTSCHAFTSLEHRE-LEXIKON, 2. Auflage 1986	24.80
18	Hache, EINFÜHRUNG IN DIE VOLKSWIRTSCHAFTSLEHRE, 1. Auflage 1984	14.80
19	Ölschläger/Hauser, GRUNDLAGEN DER MIKROÖKONOMIK, 6. Auflage 1989	16.80
20	Ölschläger/Hauser, ÜBUNGSBUCH ZUR MIKROÖKONOMIK, 5. Auflage 1988	14.80
21	Ölschläger/Stachow, GRUNDLAGEN DER MAKROÖKONOMIK, 6. Auflage 1990	16.80
22	Schricker/Rubin, GELD, KREDIT & WÄHRUNG, 5. Auflage 1986	19.80
23	Ölschläger/Wienstein, ALLGEMEINE WIRTSCHAFTSPOLITIK, 5. Auflage 1985	14.80
24	Graf, WACHSTUMSTHEORIE, 4. Auflage 1989	16.80
25	Sommer/Hoffmann, GRUNDZÜGE DER RECHTSLEHRE, 1. Auflage 1981	16.80
26	Sommer/Rasch, REPETITORIUM PRIVATRECHT, 3. Auflage 1983	29.80
27	Armbruster/Kalthoff, REPETITORIUM ÖFFENTLICHES RECHT, 2. Auflage 1983	29.80
28	Fingerhut/Graefe, PRIVATRECHT: FÄLLE UND MUSTERLÖSUNGEN, 3. Auflage 1983	22.80
29	Petzold, STEUERN I, 2. Auflage 1988 Grundwerk:	34.80
30	Balzereit, BETRIEBSPSYCHOLOGIE, 1. Auflage 1980	22.80
31	Kühn, FINANZWISSENSCHAFT, 3. Auflage 1983	18.80
32	Pusch, FERTIGUNGSWIRTSCHAFT, 1. Auflage 1977	14.80
33	Sommer/Schaetz, ARBEITSRECHT, 2. Auflage 1984	18.80
34	Thanner, INFLATIONSTHEORIE, 2. Auflage 1990	26.80
35	Behrens/Hartmann, WERBEPSYCHOLOGIE, 3. Auflage 1990	16.80
36	Pesch, FALLSTUDIEN ZUM MARKETING, 2. Auflage 1990	20.80
37	Petzold, STEUERN II, 2. Auflage 1989 Grundwerk:	34.80
38	Balzereit, PERSONALWIRTSCHAFT, 2. Auflage 1988	22.80
39	Hoffmann, KLEINES RECHTSLEXIKON, 1. Auflage 1981	14.80
40	Holler u.a., ÜBUNGSBUCH ZUR MAKROÖKONOMIK, 3. Auflage 1989	14.80
41	Borchardt, KLEINES VOLKSWIRTSCHAFTSLEHRE-LEXIKON, 2. Auflage 1988	24.80
42	Hornig, KOSTENRECHNUNG II, 1. Auflage 1985	14.80
43	Ickler, KLEINES LEXIKON MATHEMATIK UND STATISTIK, 1. Auflage 1983	14.80
44	Ölschläger/Hornig, ÜBUNGSBUCH BILANZEN, 1. Auflage 1989	12.80
45	Petzold, STEUERN IN FRAGE AND ANTWORT, 2. Auflage 1989 Grundwerk:	34.80
46	Herrmann, KLEINES EDV-LEXIKON	i.V.
47	Diruf/Schönbauer, OPERATIONS RESEARCH VERFAHREN, 2. Auflage 1986	19.80
48	Groebel, VERTEILUNGSPOLITIK, 1. Auflage 1989	29.80
49	Kreuzhof, ARBEITSWISSENSCHAFT, 1. Auflage 1990	20.80
50	BILANZIERUNG UND BEWERTUNG: MUSTERKLAUSUREN	i.V.
51	BILANZPOLITIK UND BILANZANALYSE	i.V.
52	CONTROLLING	i.V.
53	Neu/Engelhardt, BANKBILANZEN, 1. Auflage 1989	22.80
54	KONZERNBILANZEN	i.V.
55	Bohling, GRUNDZÜGE DES WIRTSCHAFTSVERWALTUNGSRECHTS, 1. Auflage 1989	19.80
56	Brecht/Albrecht, EINSTIEG IN C, 1. Auflage 1990	24.80
	vfw Sonderband No. 1, Grundstudium BWL	39.—
	vfw Sonderband No. 2, Grundstudium Mathematik	39.—
	vfw Sonderband No. 3, Grundstudium Statistik	49.—
	vfw Sonderband No. 4, Übungen zur Statistik	35.—

vfw-Verlag für Wirtschaftsskripten, Dip.-Kfm. C. Ölschläger GmbH,
Postfach 40 14 24, Brabanter Str. 16, 8000 München 40, Tel.: 089/36 32 57

Bielefeld
Gemini GmbH, Bahnhofstr. 39

Bonn
Buchhandlung *Bouvier*, Am Hof 32

Frankfurt
Bockenheimer Bücherwarte, Bockenheimer Landstr. 127

Graz
Buchhandlung *Leykam*, Stempfergasse 3

Hannover
Buchhandlung *Decius*, Marktstr. 52
LiteraturtreffTeam Werner Witte, Wunstorfer Str.

Heidelberg
Buchhandlung *Ziehank*, Universitätsplatz 12

Hohenheim
Buchhandlung *Wittwer*, Fruwirthstr. 24

Kempten
Kemptener Fachsortiment, Salzstr. 30

Kiel
Brunswiker Universitätsbuchhandlung, Olshausenstr. 1

Koblenz
Buchhandlung *Reuffel*, Löhrstr. 92

Mainz
Johannes-Gutenberg-Buchhandlung Dr. J.A. Kohl, An der Universität

Wötzel Fachbuch GmbH, Staudinger Weg 21

Mannheim
Löffler-Fachbuch, B1, 5
Buchhandlung *Leydorf*, L3, 1

Marburg
Fachbuchhandlung *Zekkey*, Rudolfsplatz

vfw-Skripten haben die hier genannten *Depot-Buchhandlungen* immer für Sie vorrätig.

Bitte bestellen Sie schriftlich oder telefonisch direkt beim Verlag, falls keine dieser Depot-Buchhandlungen für Sie erreichbar ist.

Verlag für Wirtschaftsskripten, Postfach 40 14 24, 8000 München 40, Tel. 089/36 32 57, FAX: 089/36 32 58

Stand: Februar 1991

ANTWORTPOSTKARTE

Bitte ausreichend frankieren!

Verlag für Wirtschaftsskripten
Dipl.-Kfm. C. Ölschläger GmbH
Brabanter Str. 16
Postfach 40 14 24

D-8000 München 40

Versandbedingungen:

Die bestellten Bücher werden auf Verlangen des Käufers auf dessen Gefahr vom Erfüllungsort München an die angegebene Adresse versandt; § 447, I BGB (Versendungskauf). Innerhalb von 10 Tagen ab Versand der Bücher vom Verlag kann der Käufer ohne Angabe von Gründen vom Kaufvertrag zurücktreten. Das Rücktrittsrecht kann **nur** durch Rücksendung der Bücher an den Verlag ausgeübt werden und wird erst mit Eingang der unbeschädigten Bücher beim Verlag wirksam. Das Porto einer Rücksendung trägt der Käufer. Unfreie oder beschädigte Sendungen werden nicht angenommen. Der Rücktritt wird in diesem Fall nicht wirksam. § 350 BGB ist abbedungen. Der Versand erfolgt ab DM 100,- portofrei. Verpackung wird nicht berechnet. Änderungen sind vorbehalten. Unsere Preise unterliegen nicht der Preisbindung.
Eigentumsvorbehalt gemäß § 455 BGB. Unsere Rechnung ist zahlbar innerhalb von 10 Tagen ohne jeden Abzug.

Stand: Februar 1991

Versandrabatte: Bei Bestellungen ab
DM 150,-   DM 5,-- Rabatt
DM 200,-   DM 10,-- Rabatt
DM 300,-   DM 15,-- Rabatt
Diese Bedingungen gelten nicht für Buchhändler.

35

Name Stöber, Yvonne

Straße Wischweg 18

PLZ/Wohnort 37355 Niederorschel

Hochschule GHK Kassel

_____
Ort - Datum   Unterschrift

vfw-Skripten haben die hier genannten *Depot-Buchhandlungen* immer für Sie vorrätig.

Bitte bestellen Sie schriftlich oder telefonisch direkt beim Verlag, falls keine dieser Depot-Buchhandlungen für Sie erreichbar ist.

Verlag für Wirtschaftsskripten, Postfach 40 14 24, 8000 München 40, Tel. 089/36 32 57, FAX: 089/36 32 58

Stand: Februar 1991

München
Buchhandlung *Hueber*, Amalienstr. 77-79
Akademische Buchhandlung, Veterinärstr. 1
Schweitzer Sortiment, Lenbachplatz 1
Buchhandlung *Völkl*, Lothstr. 15

Münster
Akademischer Lexikadienst, Rosenstr. 12/13

Nürnberg
Buchhandlung *Büttner*, Adlerstr. 10-12 und Äußere Laufer Gasse 17

Passau
Buchhandlung *Pustet*, Kleiner Exerzierplatz 4

Pforzheim
Buchhandlung *Gondrom*, Westl. Karl-Friedrich-Str. 4-6

Saarbrücken
Buchhandlung *Bock & Seip*, Futterstr. 2 und In der Universität

Siegen
Buchhandlung *Ruth Nohl*, Hauptmarkt 22

Stuttgart
Buchhandlung *Wittwer*, Königstr. 30
Hoser's Buchhandlung, Charlottenplatz 17
Gemini GmbH, Königstr. 18

Würzburg
Buchhandlung *Schöningh*, Franziskanerplatz 4

Hiermit bestelle ich die nachfolgend angegebenen Skripten zu den umseitigen Bedingungen:

Ex.	Nr.	Titel	DM
	1	Methodenlehre Statistik	14,80
	2	Übungsbuch zur Statistik	14,80
	3	Mathematik für Wirtschaftswissenschaftler	19,80
	4	Einführung in die Betriebswirtschaftslehre	14,80
	5	Buchhaltung	19,80
	6	Übungsbuch zur Buchhaltung	14,80
	7	Investition	12,80
	8	Finanzierung	18,80
	9	Kostenrechnung I	18,80
	10	Bilanzen	19,80
	11	Übungsbuch zur Kostenrechnung	14,80
X	12	Grundzüge des Marketing	14,80
	13	Produktions- und Kostentheorie	16,80
X	14	Materialwirtschaft	24,80
	15	Einführung EDV	18,80
	16	Organisation	34,80
	17	Kleines Betriebswirtschaftslehre-Lexikon	24,80
	18	Einführung in die Volkswirtschaftslehre	14,80
	19	Grundlagen der Mikroökonomik	14,80
	20	Übungsbuch zur Mikroökonomik	14,80
	21	Grundlagen der Makroökonomik	16,80
	22	Geld, Kredit & Währung	19,80
	23	Allgemeine Wirtschaftspolitik	14,80
	24	Wachstumstheorie	16,80
	25	Grundzüge der Rechtslehre	16,80
	26	Repetitorium Privatrecht	29,80
	27	Repetitorium Öffentliches Recht	29,80
	28	Privatrecht: Fälle & Musterlösungen	22,80
	29	Steuern I	34,80

Ex.	Nr.	Titel	DM
	30	Betriebspsychologie	22,80
	31	Finanzwissenschaft	18,80
	32	Fertigungswirtschaft	14,80
	33	Arbeitsrecht	18,80
	34	Inflationstheorie	18,80
	35	Werbepsychologie	26,80
✓	36	Fallstudien zum Marketing	20,80
	37	Steuern II Grundwerk:	34,80
	38	Personalwirtschaft	22,80
	39	Kleines Rechtslexikon	14,80
	40	Übungsbuch zur Makroökonomik	14,80
	41	Kleines Volkswirtschaftslehre-Lexikon	24,80
	42	Kostenrechnung II	14,80
	43	Kleines Lexikon Mathematik/Statistik	14,80
	44	Übungsbuch Bilanzen	12,80
	45	Steuern in Frage und Antwort Grundwerk:	34,80
	46	Kleines EDV-Lexikon	i.V.
	47	Operations Research Verfahren	19,80
	48	Vertretungspolitik	29,80
	49	Arbeitswissenschaft	20,80
	50	Bilanzierung und Bewertung: Musterklausuren i.V.	
	51	Bilanzpolitik und Bilanzanalyse	i.V.
	52	Controlling	i.V.
	53	Bankbilanzen	22,80
	54	Konzernbilanzen	i.V.
	55	Wirtschaftsverwaltungsrecht	19,80
	56	Einstieg in C	24,80
	Sonderband 1, Grundstudium BWL		39,-
	Sonderband 2, Grundstudium Mathematik		39,-
	Sonderband 3, Grundstudium Statistik		49,-
	Sonderband 4, Übungen zur Statistik		35,-